独立书店生存报告·尚真·编

上海社会科学院出版社

图书在版编目(CIP)数据

独立书店生存报告 / 尚真编. -- 上海：上海社会科学院出版社，2024. -- ISBN 978-7-5520-4435-5

Ⅰ. G239.23

中国国家版本馆 CIP 数据核字第 2024WY6275 号

独立书店生存报告

编　　者：尚　真
责任编辑：叶　子
封面设计：赵　琦
出版发行：上海社会科学院出版社
　　　　　上海顺昌路 622 号　邮编 200025
　　　　　电话总机 021-63315947　销售热线 021-53063735
　　　　　https://cbs.sass.org.cn　E-mail: sassp@sassp.cn
照　　排：南京理工出版信息技术有限公司
印　　刷：上海雅昌艺术印刷有限公司
开　　本：787 毫米×1092 毫米　1/32
印　　张：7.375
插　　页：1
字　　数：148 千
版　　次：2024 年 8 月第 1 版　2024 年 8 月第 1 次印刷

ISBN 978-7-5520-4435-5/G·1328　　　　　定价：68.00 元

版权所有　翻印必究

目　录

南昌 ・青苑书店
　　 ・三十而立，在幸存中努力　　　　　003

桂林 ・众目书房
　　 ・我们生活在书店　　　　　　　　　029

青岛 ・如是书店
　　 ・寻找河的第三条岸　　　　　　　　045

广州 ・1200BOOKSHOP
　　 ・三十六度五的热情　　　　　　　　063

西安 ・万邦书店
　　 ・那时的书店　　　　　　　　　　　077

杭州 ・纯真年代书吧
　　 ・书吧是我的避难所　　　　　　　　089

苏州 ・慢书房
　　 ・如果没有开书店，或许我会过得更自在　103

目录

上海 · 半层书店
· 一个书店人的观察和碎碎念 119

上海 · 乐开书店
· 多条腿走路的乐开,磕磕碰碰走过了12年 131

上海 · 犀牛书店
· 痴心做梦的人正多 143

郑州 · 兆熹书店
· 每座城市都应该有一家好书店 159

重庆 · 刀锋书酒馆
· 剃刀锋利,越之不易 179

长沙 · 镜中书店
· 走楼梯的人 195

武汉 · 诚与真书店
· 诚与真老王的书业观察及思考 209

附录 227

南昌·青苑书店

青苑

本文作者

万国英,青苑书店主理人。年轻时曾在报社供职,当时很多报社名字中都带有"青"字。青字于她有着特殊的文化蕴意,因此为书店取名青苑。

推荐书单

钟叔河,《走向世界丛书》,岳麓书社 2008 年
余华,《活着》,北京十月文艺出版社 2017 年
黄仁宇,《万历十五年》,生活·读书·新知三联书店 2023 年
吴思,《血酬定律:中国历史中的生存游戏》,语文出版社 2009 年
吴晓波,《激荡三十年:中国企业 1978—2008》,中信出版社 2017 年
[哥伦比亚]加西亚·马尔克斯,《百年孤独》,范晔译,南海出版公司 2017 年
[美]傅高义,《邓小平时代》,冯克利译,生活·读书·新知三联书店 2013 年
[英]西蒙·蒙蒂菲奥里,《耶路撒冷三千年》,张倩红、马丹静译,湖南文艺出版社 2019 年
[以色列]尤瓦尔·赫拉利,《人类简史:从动物到上帝》,林俊宏译,中信出版社 2017 年
项飙、吴琦,《把自己作为方法:与项飙谈话》,上海文艺出版社 2020 年

书店简介

创立于 1992 年,南昌读者和书友重要的文化聚集地之一。曾获"改革开放 40 周年致敬影响力民营书店品牌""北大博雅讲坛青苑阅读基地""全国独立书店之坚守奖"等荣誉。

南昌·青苑书店
三十而立,在幸存中努力

万国英

三十二年,不断搬迁

青苑书店新开的总店位于南昌市洪都中大道18号,那是江西图书城沿街商铺。和青苑金域名都旗舰店一样,两家店面的正门,分别开在这座城市两处立交桥底下。如果用镜头语言表达,立交桥上的车水马龙和桥底那扇门掩住的静谧象征着城市巨变的两面——速度越来越快的时候,我们更需要用阅读去寻觅一种宁静。站在书店门口,即使感受得到周边疾驰而逝的车流,抬头看向天空,却只能看到狭长的一角,那是因为高耸的立交桥造成了视角的受限。这个镜头简直就是这家进入而立之年的独立书店三十余年路程的写照。尽管环境和空间越来越狭小和有压迫感,可骄傲的是这么多年就这么过来了,书店始终没有丢弃自己的那方小天地。正如一位老读者——当年的出版人,如今的南昌大学教授张国功先生在《阅读·岁月·生活——青苑书店与南昌的书生活》这篇文章中所说:"青苑曾经三迁。虽说一直围绕在彭家桥、师大一地，但十余年间，青苑离大学校园越来越远，离闹市大街越来越远，直到遁入生活小区。这种撤退的路径，几乎就是当下文化生存的象征。"

如果给三十二岁的青苑拍一部纪录片，我一定会用上这两个镜头。当然，镜头语言其实是不需要这么详细解释的，一切尽在不言中才是影像的魅力。再说，艰难走过三十二年的青苑，实在有太多故事可以讲述，哪里能够一下子讲得清、讲得完啊！

三十二年间，我带着员工们，搬过了四次仓库、七八次店面，象山南路天灯下、丁公路、新魏路半边街、北京西路、文教路口，直至 2010 年搬入洪都北大道的金域名都沿街的店铺。有了这个买下的店铺，青苑才有了一个不需要随时挪动的窝。这么多次搬迁，好几次是被读者推着走的，看到他们对人文书籍和阅读的渴求，实在不忍心看着他们蹲在地上看到腿发麻才站起，更别说想放弃。想起 20 世纪 90 年代书店在文教路的时候，店里总是满满的人，但却只能听到电风扇转动和翻书的声音，那样的回忆是书籍才能带来的美好。还有那些下游的书店，也是我无法放弃的原因。在那个物流与传播还极其传统的年代，那些九江、赣州等地书店的老板，坐着绿皮车来青苑进货。他们将一捆捆图书扎好，背在肩上去赶返回的火车。望着他们匆匆的背影，我知道书有多重，更深知青苑在他们心中的重量。

就说青苑的这家新的总店，于 2021 年装修搬迁——按书友们的说法，称得上是在疫情防控期间的"逆势"开张。总店设置前店后仓，既做零售也做批发，连同仓库一起占地达到了两千多平方米，这是这么多次搬家中最大的一个店。目前，全国五百多家出版社，每年出版四十多万种书品，青苑在这四十多万种书里挑选五到六万册上架。总店进门最前面摆放的基本上都是新书，左边墙上有周排行榜、月度排行榜等功能呈现区。从门口望去，书店竟然有了明显的纵深感。书店面积更大了，最大的好处是可以把原先精挑细选后也只能部分呈现的不少出版社的系列好书"雄壮地"摆上书架。如商务印书馆的"汉译世界学术名著丛书"，每个颜色代表一个门类，如缤纷的彩虹墙；一贯保持求知、求新精神的"三联新知文库"；理想国的"M系列"，M是英文镜子的开头字母，意思就是以他山之石为镜，照认今日之中国；还有江苏人民出版社的"海外中国研究丛书"……这些在广大读者心中早有定论的好书，终于给它们找到了一个宽敞舒适的栖居之地，让它们可以舒展自在地并排而立，等待有缘人到来。每位读者都可以在一排排书架中穿行，穿过古今中外，穿过美妙的时间和空间。

　　新店装修没有什么特别值得说道的地方，她古朴典雅，就是一家人文书店该有的样子。墙上那些挂着的句子，印证着书店的历程，比如："青苑不仅仅是一家书店，对于南昌的读书人来说，她更是一种生活方式，一份精神姿态，一段成长记忆，一个读书人灵魂的栖息地。""读书是你通向世界的路。"这么多标语中,特别喜欢江西省已故著名文史专家、诗人刘世南老先生写给青苑的这句:"布衣暖,菜根香,读书滋味长。"在九十多岁高龄时,老先生曾经两次来到书店举行读书会,进行他的新书《师友偶记》《在学术殿堂外》的书友见面会,与一群朋友在春夜大谈"我和我理解的知识人"。走进三十二年的青苑,这份读书人心照不宣却彼此呵护、集体沉醉的书香,的确让人感觉滋味绵长。

二十岁的冲动

"青"是年轻、生命力、青出于蓝而胜于蓝,"苑"代表着小空间、自己的天地,这是当年取这个名字的由来。只是连我自己也没想到,当初自己心心念念想要的那个小空间,那方个人的小天地,三十年之后能变成这么大一个空间,并成为这么多读书人的精神港湾。我没想到自己会把开书店这事干三十年,仿佛三十年就只是三个月……

青苑的布书包上有行小字——"始于 1992"。按照很多经济观察家宏大叙事的说法,1992 年是中国改革开放近四十年历程中,比较大的创业时期之一。东方风来满眼春,在伟人南方视察带来的春风的吹拂之下,全国掀起了一股下海经商热,集中诞生了一大批对中国经济产生深远影响的企业。

倒不是我有意把自己的书店史嵌入宏大叙事,青苑"起于1992",充满个体的偶然。那一年,我二十岁。中国台湾歌手陈升有首歌叫作《二十岁的眼泪》,里面有一句唱道:"二十岁的火光映在你坚定的脸上。泪干的男人呐,开始了流浪的旅程"。陈升的这首歌写给准备直面世界的二十岁的男孩。这种坚定和茫然交织的心情,适合很多刚走向社会的年轻人,无论男女。在茫然的心境中,在爱情的"怂恿"下,青涩的我,突然有了开一家书店的冲动。

回想起来,当年创立青苑的时候,并没有遭遇多大障碍。外公把那间位于天灯下菜场附近的原来开小茶馆的店面贡献了出来,解决了场地问题。同学刻的招牌,同学的父亲会做木工,给打的书架。那个年代的人动手能力就是这么强,按照今天的话说,青苑就是"众筹"开起来的。

我家有五个兄弟姐妹,自己排行老幺。老幺总是叫父母又爱又怜,而且获得的自由也是最大。父母对我开书店的事,自始至终就没有反对过,哪怕在我最难的时候,更别说还有我家老王几十年一以贯之的支持。

我跟很多人讲过,开书店就是因为老王那句"你这么喜欢书,要么就开个书店吧,这样就能天天看书了"。我现在当然知道,喜欢吃冰激凌是没必要非开一家冰激凌店的,可年轻时候是很容易被这种话说服的。当然我并不后悔二十岁的决定,只是如果能先知先觉看到那些要吃的苦和受的难，说不定就会选择别的一条路了。

虽然我每次都说是在老王"怂恿"下开的书店，但是真要说到初心，我觉得可以追溯到更小的时候，从父亲的垦殖场里那些上海知青身上获得的滋养。

我从小没上过幼儿园，童年是在父亲的垦殖场里度过，是在田间河边长大的野孩子。父亲那时候是一家垦殖场的领导，垦殖场里有很多上海知青。那些上海知青会弹琴、绘画，还会做手工，凡·高的《向日葵》在那时候就看过。不上幼儿园的日子里，就跟着那些大哥哥、大姐姐在田间河边玩耍，听他们唱歌、读书，我现在已经记不清那些歌曲和书都具体是什么，可后来我知道了，这种来自日常生活的滋养就是一种美育吧。这些年，我还经常梦到跟着那些大哥哥、大姐姐后面玩耍的画面，那样的童年真开心。那时候的乡村尽管喧腾，但有种宁静的美。

那么小的我当然看不懂《向日葵》，也听不懂琴声里的思乡情，可人文的种子就是这样播下的。很难说日后开书店和能坚持下去的初心，跟这些经历没关系。

和上海的渊源还远不止于儿时的启蒙，等到我开始做图书批发的时候，上海这座城市更是给了我莫大的帮助，我的第一桶金就是来自上海。

自近代以降，上海历来就是我国的出版重镇。在我们这代书店人的记忆中，上海译文出版社出版的《飘》

《简·爱》《雾都孤儿》等一大批世界名著在20世纪90年代是书市的硬通货，这些书的火爆程度在今天是很难想象的。首先是有钱拿不到货，因为印量有限，全国的书店都在抢；其次是到了店里也是被读者一抢而空，像《飘》这样的书基本不用卸货就被各地书商全部订走。还有上海少年儿童出版社的《十万个为什么》《上下五千年》也是不愁卖，能拿到这些书足以说明"江湖地位"。

今天名气很大的上海书展的前身，是1987年创办的沪版图书订货会。1994年，图书订货会在宝钢举行，二十二岁的我初闯上海，只能听懂简单的上海话。可是也说不清楚什么原因，我就是愿意主动去和上海译文出版社这样的大出版社介绍自己，介绍青苑这家来自江西南昌的新生的书店。也说不清为什么我就能够很快得到上海那些大出版社的信任，不但愿意在仅有的那些册数中挪一些给青苑，并且还允许不用现款，可以赊账直接拿货走，卖了再转款。在很长一段时间，上海出版社的书籍占了青苑业务的半壁江山。

从书店女主人到书店主理人

上海出版社的厚爱让我挖到人生第一桶金，可尝到了图书批发业务的甜头，又是怎么把自己经营图书的范围越变越窄也越来越纯粹的呢？如果说青苑的三十二年，是从一家租书卖杂志的小门面成长为一家已经是南昌文化地标的独立书店的过程，那对于我来说，就是从书店女主人到书店主理人的过程。可以说，我用了三十年的时间，才真正明白其间的两字之差。

我以前是不懂书的，是书店教会了也成全了我，书店就是一所大学，走进书店的每一个人都是老师，到今天我还是这么认为的。说起自己的阅读习惯，跟那个年代所有女孩一样，琼瑶、三毛、张爱玲……但是开书店之后，我最先要思考的问题当然是读者现在喜欢看什么书，自己要卖什么书。

我最喜欢在书店里当导购，特别是青苑很长一段时间都是围着江西师范大学老校区开的，那区域有大学、省电视台、出版社的老院子、省图书馆、省社科院，还有邻居读书人喜欢去逛的文教路上的旧书一条街，人文气氛非常浓厚。很多走进书店的都是学者、教授，我最喜欢的就是跟在他们身后，默默地陪着他们找书。跟熟了就问些问题，或者闲聊，无论哪种方式都能学到东西。这些读者好多都是各个领域的专家：经济、文学、历史……经常是这样的情况：进来一位貌不惊人的读者，在书店盘亘半天；等他走了，旁边有读者告知说这是这座城里声名如雷贯耳的文化名人。

除了开阔眼界，重要的还有对思维方式、逻辑的训练，这些都对我今天做一个合格的书店主理人影响深远。

除了知识的积累，还有技能的训练。早年书店配书没有电脑，完全靠大脑记忆，最后统计出数据。记得当年的全国图书订货会上，我和北京万圣书园、南京先锋书店、杭州晓风书屋、广州学而优书店、重庆精典书店等书店老板们在酒店席地而坐，在厚厚的书单里勾出想要的书籍，然后大家畅想着书店的无限美好未来，不知东方既白。这些经历磨炼着我的专业技能。有一次，我在北京三里屯的三联书店逛了一圈，一个小姑娘进来问店员找江苏译林出版社的《麦田的守望者》，店员说去查查电脑。我告诉小姑娘要找的书就在那边，大概在哪排。店员瞪着眼睛看着我，对他来说好像很神奇。可对于书店经营者来说，其实这就是职业习惯。电脑是提供了巨大的便利，可也让人的很多功能退化，很难说每一种便捷都是好事。

　　三十年不断学习和积累，让我从书店女主人成长为一位书店主理人。我觉得除了必要的累积，更重要的是需要向真正的专业人士学习。在我心里，我一直把万圣书园的刘苏里当作是自己的老师。从他身上，我了解到主理人应该如何赋予一家独立书店以性格和灵魂，也就是调性，或称之为水准和品位。我认为目前的青苑已经基本拥有了，而这些是和主理人密不可分的。2019年，我和青苑团队全程参与了南昌城市书房高新区图书馆15万册的选书、配书和陈列。最后呈现出来的状态，我觉得很是满意和骄傲，因为尽管在另一个阅读空间，但还是能够让读者感觉到青苑熟悉的味道，同时也得到了政府的认可。

有机会去万圣书园,我总喜欢在万圣看他们书籍陈列的关联性,以及不断变化的主题。那就是思想的晴雨表。那些书籍一本本排在那里,表面上看静默不动,可内里每一页每一册之中,却满蓄着时代的活力,就是一幅幅描摹社会的画卷。我想这就是一家独立书店最高的境界,见贤思齐,标杆在前,希望青苑也能努力做到。

与网络争夺读者

三十年一路走过来,觉得最难的时间就是现在,尽管我又开了一家更大的门店。第一次冲击来自网店,也就是当当、京东卖书的时候,然后就是新冠疫情。中国很大,读书人很多,但时代变化太快了,和我同时代开店还能坚持到现在的民营独立书店,我想不超过十家吧。

按照市场规律与商业理性,那些在网上买便宜书的人的行为是无可厚非的,我自己也会比较线上线下的价格区别,然后下单。书籍也是一种商品,自然不能例外。但是现在给独立书店致命打击的是,线上和线下给予买家的优惠太不对等了。由于资本的雄厚,以及线上和线下书店成本的不同,线上书店能够做到满100送50,而出版社给线下书店的最大折扣往往也就是六几折。

价格是王道，如此不对等的折扣让线下书店在市场中处于极其不利的地位，出版社的利润也被压榨得精光。而"满 100 送 50"这种活动引起的连锁反应就是，书的定价大幅上涨，很多书定价在 100 元以上。当线下读者看到这个价格，书店又没法给足够的优惠，读者拿在手里的书在结账的时候就放下了。

疫情以来，不少出版社的一般图书线下和线上销售比例已达 20% 比 80%，有的甚至更高，要是没有各方对实体书店的支持，恐怕实体独立书店都是暗淡无光的。每一天，尤其在新媒体，新闻头条看到的都在宣告线上销售的胜利。

最令我不安的是，过去两三年间，在许多场激烈交谈中，我天真的态度和小小的乐观精神都会受到嘲讽。不断有熟悉的朋友告诉我"图书已死"，只是我还没有屈服。如果图书都已经消亡，书店显然更不必存在了。朋友劝我，是时候醒醒了，看看这方生方死的世界。让我备受打击的，不是那些丧气话本身，而是它们被谁说出来——作者、书商、出版商……与书有关的人，总在提醒我印刷品的世界并不好过。那些本应对图书最有热情的人，却是最悲观的发声者；他们试图说服我，仿佛自己早已被挫败。这样的悲观情绪与投降姿态，直到现在仍然让我震惊。过了一段时间之后，我自己也会想，或许自始至终，只有我，是个傻瓜，为了给书一个体面的干净明亮之地勉力支撑了三十多年。在他人看来，或许就像大战风车的堂吉诃德,在不自量力地与时代的风向相搏?

可网店和实体书店终究是不同的。网店的推荐不就是数据算法吗?而独立书店的陈列关乎主理人的想法、感情、性格,以及对这个世界复杂的看法。主理人确立寻书的逻辑,而我们的店员就是一个个编辑,提供寻书的途径。对于读者来说,只有逛独立书店,才会收获转角遇到好书的惊喜。

三十年来,青苑于传统市场中和其他书店竞争,在不断增长的房租、人工等成本的情况下保持赢利,这一次,我们要和技术争夺读者。

疫情中的自救

书业是脆弱的行业。创立三十二年,青苑一直在面临着挑战,商业的、技术的……

但真正构成严峻考验的,是三年的疫情。

2020年年初,新冠疫情的突然暴发,政府宣布启动重大突发公共卫生事件一级响应,往日繁华熙攘的城市一度失去生机。书店此前的经营常态被猝然打断,所有的规划和畅想戛然而止。随着疫情持续,原计划的营业日期一推再推,复工遥遥无期。

根据事后发布的《2019—2020中国实体书店产业报告》统计,2020年疫情防控期间全国各民营、国营连锁书店销售额比去年同期下降85%至95%,不少书店甚至资金流断裂,不得不关门裁员。在参与抽样调查的1021家实体书店中,至少926家暂停营业,占比达90.7%——自2020年2月起,全国90.7%的实体书店选择停业,超过99%的书店失去了正常收入。

悲凉之雾,被于书林。青苑仅在2020年第一季度,退货就高达1000多万元,前所未有。

是坐以待毙,还是起而自救?

我们是企业,不仅要让书店努力地生存下去,更要养活五十多名员工,让他们和各自的家庭都能平安地度过这次危机。往大一点说,这就是我们读书人常常言及的社会责任。必须行动起来,有所作为。

2020年1月31日,我们在公众号上推出了一个"我是青苑书店,请不要让我冻毙于风雪!"的特别策划,号召我们的读者和会员充值办卡,以此盘活现金流,让书店挺过严冬。这个想法,并不是我们的原创,而是热心读者向我们建议的。在我们看来,鼓动大家以充值办卡的方式为书店加油续命,多少有些收割情怀的味道。这种策略不到万不得已,我们是不会轻易采用的。但在疫情最严重的那几天里,不断地有读者向我们提出建议。最后,书店终于做了决断,希望集众人之力，解困纾难。

活动推出之后，应者如云，这非常出乎我们的意料。有的读者给后台留言，有的读者给我们来电；有的读者自己办了卡，还动员身边的家人、朋友也来办卡；还有的老会员，看到消息后，一下子就充好几千元。大家的这些义举，令我们非常感动。书店开办快三十年，再一次真切地感受到了读者对我们发自肺腑的关爱。大家都希望书店能永远开下去。

救助是双向奔赴的。2月11日，我们推出了一个特别致敬活动：以书店的名义，向所有医护工作者赠送一张阅读金卡，并且永久有效。大疫骤起，但人世间永恒不变的真善美仍旧在涓涓流淌，滋润着每一个人的心灵，给予着经历痛苦者、劫后余生者以勇气和希望。其中最令我们感佩的就是广大医护工作者。无论是在武汉疫区最前线，还是在相对安全的大后方，他们都兢兢业业，义无反顾，用自己的专业技术、职业精神和大无畏的勇气，为大家撑起了一片希望的天空。作为书店，我们的力量太过于薄弱，既不能到最前线去和他们一起抗疫，也没法在后方为他们做一些力所能及的事情。我们希望以这样的一个活动，聊以表达对广大医护工作者的感谢。

有人说，这样的活动过于苍白了。其实不然，中国有句古诗叫"投我以木桃，报之以琼瑶"，说的是人应该知恩图报，应该永远铭记那些在我们困危之际施以援手的人。如果没有广大医护工作者无私无畏的付出，所有的人都可能无法于这场灾难中幸免。正是出于这样的想法，我们策划了这次活动。

就在号召我们的读者和会员充值办卡这个活动推出一天之后，行业组织"书萌"发布了一份全国独立书店的调查报告，发现有85.84%的书店在疫情中被迫关店后没有其他收入来源。而如果疫情继续，77.6%的书店坚持不到3个月；73.9%的书店认为，即使恢复营业，收入也到不了之前的一半。这是一组非常残酷但又无比真实的数据，但它同时理性地告诉我们：要想让书店生存下去，必须进行自我拯救。无论是在切切实实的资金流转上，还是在人心士气上，都要进行自救。

2020年2月19日，书店发出公号推文《要有光，要有希望，要有书店》，带着一丝倔强地宣告：我们是书店，也不仅仅是书店，我们要努力走过这段至暗时刻，走向春天。不是为了自己，而是为了给予我们勇气、信念和力量的人们。

前一天，一位摄影师杨浩——他也是书店的一位读者朋友，特殊时期，专门来为书店拍摄了一组照片，主题叫"书店之光"。作品非常特别，每张照片的大部分画面都是黑暗的，只有一小块地方可以看到图像，或是一本书，或是书店里的一盏台灯，或是一个小笔记本，或是正在伏案读书的人，或是闭店之前没有来得及整理的工作台……看到黑暗，我们内心是压抑的；但看到那黑暗中的一点光亮，我们又看到了希望。这希望，是谁给予的呢？是奋战在前线的医护工作者，是仍然坚守在工作岗位的劳动者，是千千万万期待重整旗鼓的国民，也是我们自己。我们推出这样的策划，是想把这份希望能够传递给每一个人。有希望，就有明天。

2月20日，书店迎来了开业。根据政府的防控政策和各级主管部门的批复，我们终于可以开门营业了。对于书店以及每一位员工，这无疑是一个莫大的鼓舞。但是，我们没有掉以轻心。我们要为读者负责，为员工负责，为书店的明天负责，我们对书店的防疫、消毒、安全等工作都做了周密的布置，确保员工能安心上班，读者能放心消费。也是在这一天，我们参加了由广西师范大学出版社发起的"燃灯计划"。当晚8点，全国150多家书店同步进行了一场线上讲座，嘉宾是著名作家、鲁迅文学奖获得者李浩。在我们书店组织的群里，一共进来了200多位读者。李浩先生为大家进行了一个多小时的分享，读者们则踊跃发言，交流了很多他们的活动心得。

在因为疫情而按下生活暂停键的特殊时期，嘉宾与读者线上分享交流的声音，似乎让我们暂时忘记了疫情带来的慌乱与惊恐。这是一场别开生面的书友会。之所以说"别开生面"，是因为：过去，我们的书友会都在线下；而这场书友会，是在线上。过去，书友大多局限于本城本地；而现在，书友除了来自本城，还可能来自五湖四海,来自看不见的网络世界。这次活动是我们第一次尝试线上模式,它拓展了我们组织活动的视野,提供了非常难得的经验范本。

2月21日,我们在一篇公众号推文中提出问题:"阅读,能给我们带来什么?"一位读者在听完线上的分享后留言说:"我相信阅读可以成为我们要做'沉思的苏格拉底'的最重要的底气。"

在疫情持续的苦闷与压抑中,这样的回答,显得有一丝悲壮与坚定。

2月22日,我们再次策划了一个"疫期问答录"的活动,一共列了6个问题,请读者来回答。我们择优在公众号上进行推送,同时会附赠200元图书券(或等值电子券)作为感谢。这个活动最初的灵感来源于《新京报》推出的"疫期读书"栏目。在我们看来,这样的活动能够增加书店与读者的互动,使大家与书店交流的形式更加丰富。活动发布后,我们每天都会收到两三篇读者的稿件,推送之后,反响很好。与此同时,我们也主动邀请了全国各地的一些作家参与。我们希望每个人都能用文字记录自己的这段疫期生活。

在2月20日第一场线上书友会之后,我们又与深圳书城"书业同光互助计划"、广西师范大学出版社、《新京报》、北京大学出版社、中华书局等文化和出版机构一起,参与组织了多场线上书友会。可以说,2020

年 2 月 20 日，是"青苑线上书友会"这个阅读品牌真正按下启动键的日子。

三年疫情，备受煎熬，考验着我们对书业与生活的信心。其间青苑一共进行了 300 多期读书会活动，每周平均 4 场活动，冯天瑜、顾湘、陆大鹏、罗新、杨天石、梁鸿、周云蓬、吴钩、李银河、何怀宏、王笛、张天翼、余世存、张悦然、张抗抗、刘心武、邱华栋等众多知名学者、作家都是我们的座上宾，为广大读者们带来了一场又一场文化盛宴。

那么，经营压力巨大，书店前景不明，甚至"生死未卜"，我们为什么还要组织这么多线上活动？一直以来，无论是热心读者，还是在我们内部，都存在这样的疑惑。有人说，线上书友会就像线上课程一样，效果大打折扣，又不能很好地转化消费，为什么还要做这种"赔钱赚吆喝"的事情呢？

"赔钱赚吆喝"！我看到了这个词，想说：是的，您说的没错，我们就是想"赔钱赚吆喝"！想用一个看起来并不怎么能真正帮到书店的办法，告诉所有的人，我们还在，一直都在，我们始终在坚持。

开书店从来就不是赚钱或发财的最好选择。开书店得有一颗对文化的敬畏之心，得有一颗对知识的执着之心，得有一颗对读者的服务之心，唯独没有一颗对名利的热衷之心。三十多年前，当我们的书店迎来第一位读者的时候，是这样。三十多年后的今天，当我们的书店遭遇最艰难的时刻，仍旧是这样。不遗余力地组织这300多期线上线下活动，我们只是想努力通过书友、同行的精神交流，相互取暖打气，相扶着走出至暗时刻。

岁月惊心，往事不堪回首。但谢天谢地，仿佛艰难跋涉着走过暗黑的隧道而重新走入光明之中，历经三年，我们终于恢复正常的生活。青苑重新如常地开门，迎来一位又一位读者。

在最艰难的2020至2022年，是什么支撑着青苑走出苦撑局面的至暗时刻？是情怀，是对图书这个行业的不离不弃。在疫情后很长一段时间，我们经常有这样的感觉：即使书店镇日长闲，很少有读者消费，但看到读者自如地出入青苑，我们就不由得感慨，日常本身就是一种美好！对于书店来说，能活下来是幸运的。

在拒绝中坚守

在今天，人们习惯用"后疫情时代"来谈论行业的复苏、破局与转型，谈论寒冬后的重塑。但对于书业来说，对于三十而立的青苑来说，过往的疫情岁月，似乎更让人有着特别的触动。书业实在太过脆弱了，三年的考验太过峻厉了。但书业又毕竟是一种精神性的事业，它内在的韧性与坚持，它对美好生活的引领与助力，足以抗衡残酷的疫疠与精神的荒芜。

不知谁说的,"但愿所有的努力都不会白费,但愿你纷扰过后能梦想成真"。但愿所有的苦难都能迎来新生。历经千难万劫,青苑还在,书业还在,我们期待在日常一页一页的摩挲翻读中,在一点一滴的书人书事中,重新培育书店的元气,为这座城市慢慢建构、丰富我们的书生活。

有人说我不会变通、太古板,好多可以挣的钱放着不挣,因为以今天青苑的薄名和影响力,是可以挣一些快钱的。但是,这同时我就得放弃一些坚持了很久的东西。这世界变化太快了,所有的变化都可以自我宽慰成理所应当,可我不愿意让陪自己、陪青苑一起成长三十年的读者觉得原来青苑也是会变的,而我愿意成为他们最后的相信。这正是不忘初心。

忘了在哪里看过一段杨绛的话,想和今天还有开书店梦想的年轻人共勉:"人最高级的炫耀,是你这一生拒绝过什么。你能拒绝的东西里,藏着你不随波逐流的性格,和内心深处不为人知的骄傲。"这段话说的就是理想和现实的碰撞,而这种碰撞有时候是很残酷的,残酷就在要拒绝和舍弃,拒绝即将到手的支票,舍弃可以预见的人头攒动,同时还得心怀诗人食指的那首诗所喊出的——《相信未来》。

几十年来,我每去到一个城市,第一个逛的就是书店，且总是满怀暗喜。书店整整齐齐，书架清洁静雅，幽幽的空间，充满希冀，让人陶醉。当书店开门迎客，世界的其他部分也随之而来，当天的气候，当天的新闻，接踵的顾客，成箱的书，以及那书中的世界——记载事实的书和阐述真理的书、新出版的书和世代传读的书，极其重要的书和相对平庸的书……站在这书的海洋之中，我总是情不自禁地感觉到宇宙可能会披露些什么。除了学习的目的之外，这么多年我越来越觉得，走进这个城市最知名的独立书店，是能够感受到这座城市的性情、品格的。我也越来越发现，自己喜欢一个城市的程度，永远与这个城市里面好书店的个数成正比。如果文化是一个城市的灵魂，那么，书店无疑是一个城市的灵魂塑造者。

2023 年 6 月 1 日，第七十三个国际儿童节。从虚拟网络到现实世界，从蹒跚学步的稚儿到须发尽白的老人，大家都在过儿童节。在这一天，青苑书店也迎来了属于她的节日。只不过，这个节日多少有些特殊。下午 4 点，一行人轻车简从，缓步走进位于洪都中大道 18 号的青苑总店。他们是省、市委领导以及十来位追随了青苑好多年的老读者，大家齐聚一堂，即将共同见证一个高光时刻：青苑书店荣膺"第二届全民阅读大会·年度最美书店"授牌仪式。在评选出的五十家散布于全国各地的最美书店中，南昌市青苑书店便是其中之一。

这是属于青苑最激动人心的高光时刻，但不是总结，更不是终点，而是一个全新的旅程。

有人说，青苑获此殊荣，"既是惊喜，也在情理之中"。也有人说，2023年是青苑书店走过的第三十一个年头，"最美书店"之称号，对于这样一家老字号民营书店来说，可谓实至名归。

三十多年，着实不易。从改革春风吹满地的1992年草创，一直走到新时代的今天，这期间，有多少创业之艰辛，有多少奋斗之汗水，常人难以体会，于我自己，又常感觉无法与外人道。当然，这期间也有回报、鲜花以及掌声，但更多的，是情怀，是坚守，是对书店和图书的挚爱。如果没有这样一份态度，青苑可能根本走不到今天。青苑对于南昌这座城市意味着什么？这个问题，也许可以从一些书友的经历中得到答案。

邓先生是一位资深的媒体人。他说，1992年他刚从大学毕业走上工作岗位。从那一年起，他就是青苑的读者，今天，他仍旧是。走进青苑，就像走进了一个精神的港湾，让他心完全静了下来，觉得整个人生都安顿了下来。他希望，青苑还可以再陪着他走过下一个三十年。

小方是一位"80后"。十多年前，他从故乡负笈到南昌求学，与青苑相遇。每次来到书店，他都能找到自己想读的书。大学四年，青苑成了他最好的精神居所。

仿佛冥冥中的召唤，更神奇的事情是，现在，他是青苑的一名员工。一天二十四个小时，小方最少有十个小时都在与书打交道。他说，青苑为他推开了人生的一扇窗，后来又成为青苑大家庭中的一员，这是他人生最好的相遇。

还有一位未具名的书友。她说自己与青苑的缘分始于女儿。很多年前，每天放学之后，女儿都会到青苑来看书、写作业。无数个阴晴圆缺的日子，她都会走进青苑，与女儿见面。后来，女儿去了外地读书、立业、成家。而她，却在不知不觉中将青苑当成了自己的"家"，有空就来看看。现在，女儿的女儿，也成了青苑忠实的小读者。

……

这样的故事还有很多。看起来，这是一个又一个独一无二的故事；但如果汇聚起来，就会发现，这其实是一家书店对一座城市的精神土壤，润物细无声般的滋养，就像无处不在的微风，普照大地的阳光，吹拂、照耀了一代又一代人的心田。从 1992 年开始，一直到今天，这个故事只有开始，没有结束。未来，她还将继续。

其青于蓝，斯苑维新。三十而立，前路漫漫。书业从来不轻松。时至今日，我们仍然面临着和很久很久以前一样的难题。但我们仍然在开书店，即便需要苦苦挣扎。

"青苑是一家书店，但又不止于书店，更是一种生活方式，一段城市记忆，一份精神姿态，一个文化路标。"这段在很多场合被提及的话，我愿意再念一遍，在心里再自我说服一次。它是青苑的理想，也是青苑的未来。

桂 林 · 众 目 书 房

ZM·BOOKS

本文作者

唐力生,桂林众目书房主理人。30 年的书店人,一个喜旧物、爱猫的普通人。

推荐书单

赵冬梅,《大宋之变,1063—1086》,广西师范大学出版社 2020 年
黄荣川,《桂筑繁花:广西传统建筑装饰艺术》,广西师范大学出版社 2023 年
张迪主编,《寂静的春天——中国美宿系列访谈·第一辑》,漓江出版社 2020 年
[美] 米哈里·契克森米哈赖,《心流:最优体验心理学》,张定绮译,中信出版社 2017 年
[英] Breathe 编辑部,《呼吸 9:小小仪式,让平凡成为独特》,中信出版社 2024 年
常沙娜,《永远的敦煌:常书鸿、常沙娜敦煌艺术珍藏集》,中信出版社 2024 年
刘一达,《中国人的规矩》,东方出版社 2021 年
黄伟林,《昨日之城:桂林文化城的另一种温故》,生活·读书·新知三联书店 2023 年
[美] 彼得·海斯勒,《江城》,李雪顺译,上海译文出版社 2012 年
[英] 莫妮卡·玛丽亚·斯塔佩尔贝里,《魔法、节日、动植物:一些奇异文化传统的历史渊源》,高明杨、周正东译,上海社会科学院出版社 2020 年

书店简介

创立于 1994 年,倡导"多彩有趣的众目书式慢生活",笃行"平凡温情,尊人惜物"的理念。

桂林·众目书房
我们生活在书店

唐力生

在收到责编老师的书店约稿函时我说要慎重考虑，因为去年底我刚完成了一篇近九千字的开店自述——《我的书店人生》，不想炒旧饭。但几日的思考，让我感觉这30年的书店生活，还是有不少心里话值得讲述。

回望老店时光

时常被问起开书店的缘由，确实有家庭影响，我父母是20世纪五六十年代的大学生，母亲从小就喜爱阅读，她读书和上班期间还兼任图书管理员。读小学的我一有空就常常跑到她单位的阅览室去看报纸，放学有时也会去书摊花个五分一毛坐着，捧着一本书看得津津有味，中学后我就省下早点钱去租书。那时的读书完全靠自觉，家长和学校没有太多的督促，自己也没有明白读书的真正意义，结果看"野书"很容易就上瘾了，沉迷其中荒废了学业，后来悔之晚矣。

父母一看既然如此，不如开家书店也好解决我们兄弟俩的就业问题。那个年代的书店很火，好书紧俏，开店需要的营业执照也很难申请，我二哥为此先盘了一家书店。为了处理不要的书，我们周末天没亮就和朋友踩着三轮车拉书去跳蚤市场摆摊，拿着还没焐热的营业款又去别的摊位淘些喜欢的书。摆摊也会有意外，有回为了占个好档口，年轻气盛的我们差点和人打起来，到后来大家居然又和睦相处，那段激情燃烧的时光还真是值得回味。

说实话，我们能在20世纪90年代开书店是幸运的，那时主要的开支如房租、人工压力都不大，关键是网络还没普及，因此大家的阅读需求和消费很大，借用当年租书的学生说的，"我们那时候的零花钱基本贡献给你们家书店了"，这样的吐槽和每当放学时店里人满为患的场景，印证了我们老书店的高光时刻。生意兴隆也会有烦心事，收到假币、偷书和撕书是那个年代很多租书店最头疼的事情，现在开书店大都刚好相反，如何活下去才是最重要的！

好机遇加上辛勤奋斗不仅让我们积累了一定的物质基础，同时也察觉到内向的自己适合这个行业。熟悉且比较安静的环境，简单的人际关系，挣钱的同时还有成就感，于是我下决心长期做下去。当然，过早地开店也让我失去了许多个人的自由时间，但有得必有失，遗憾却无悔。时光流转，随着网络的普及和新式书店的出现，敏感的我意识到之前的书店模式可能要被淘汰了，后来事实也证明了如此。后期的书店虽然还能赢利，但这种没有希望的经营让我十分焦虑与痛苦，有完美主义倾向的我不想混日子，要么转型，要么就此歇业！最终，凭着之前成功开店的信心和积累，我决心要去尝试多年来一直想做的新书店，不论结局如何，也不愿抱憾终身！

开启新店探索

说到开店，不少人都会找合伙人，我也曾经有过合伙人。到后来也拒绝过一些人不同形式的入伙提议，因为我清楚自己的个性和想做书店模式的艰难，这样就注定遇见理想的合伙人是不易的。那就顺缘，一路独行风景依然，压力虽大，但也避免了内耗。

历经周折，在书友们的协助下，2016年10月，众目诞生了。店名众目实属巧得，开始我们取名是被卡住的，正在苦恼之时店里一本《目客》的主题书让我们眼睛一亮，目客这个名字寓意就不错，伙伴为其设计的logo（标志）尤其耐看。正当我们想申请商标时，发现这个书名出版社已经注册了商标，失望之余我不甘心，于是翻起了家里的《新华字典》，按照笔画逐字检索，皇天不负有心人，看到"众"字我激动不已。"众目"寓意深刻，更契合我心所想。这次有趣的经历让我感觉取名很讲究，首先名字要耐品，且有符合自身的良好寓意，一定要避免有不好的歧义。其次名字要有重音，念起才响亮好记，尽量选对称结构的字，这样书写牌匾或者设计标志都会更雅。至此，之后店里但凡要给空间和活动取名字，我都会积极参与。

选择做一家什么样的书店呢？面对这个灵魂拷问，最初我也是模糊的，随着开店以后遇见的人和事多了，书店的方向也逐渐清晰起来了。我想，这就是内心的指引。我外出学习的时间不多，基本待在店里，很喜欢和书友们交流，倾听他们对书店和生活的看法，这丰富了自己的见闻，也让我从中看到了不少人内心的需求。

众目精神的由来和内涵

据我所知，众目可能是全国唯一家从租书店转型为独立书店，再成为生活文化空间的书店，这个跨度和难度都是极大的，是我们经过数十年脚踏实地走下来的，没有可以参照的模板，唯有在实践中去学习。幸好谦逊的我有不错的感知力，善于观察总结，喜欢融合创新，最终提炼出"平凡温情，尊人惜物"的众目精神。这种精神来源于我们日常工作和生活的真实感受，也十分深刻地影响着众目大家庭的成员。

平凡与温情是众目不变的底色，我是一个学历不高的普通人，只是一直与时俱进地在做自己适合的工作。

我坚信，自洽的普通人通过长期的努力也可以做成不平凡的事业。

众目的温情体现在我们和书友之间长期彼此的关照与支持，它源于最初开租书店时我们就有帮书友推荐书的习惯。那时租书办卡基本是留真名，所以大家很快就熟悉起来，建立了信任。看着当年的学生书友如今带着孩子来店里看书、买书，不由感慨时光飞逝，期盼这些众目书二代也能与好书相伴。

尊人惜物是众目待人接物的核心理念，其中尊人有三重含义，是指书店与书友、书友之间以及书店同行之间，都理应相互尊重。众目和桂林其他书店的关系一直很好，大家遇到都会友好坦率交流，我真心感觉各家书店利用自身优势，打造出自己书店的特色并能持续经营就很了不起，不用苛求太多。

众目的惜物首先指对待老物件的态度。我尤喜造型和实用皆有的物件。回来清水洗净或消毒后，保留原来的漆色，尊重它原本的模样。"十老九不全"是老物件普遍的真实状况。在我看来，这些残损是岁月的痕迹，并不影响物件本身之美，我庆幸能和质朴有趣的各式老物件相伴，沉浸其中越发喜爱，潜移默化之中我的审美和品性都得以熏陶。

物尽其用的老物件展现出更多的价值，例如之前我花高价买了大陶壶和瓷枕各一个，陶壶夏天拿来煮泡本地的山楂叶茶，清凉解暑、老少皆宜，隔夜也不坏反而更好喝，挺神奇的。瓷枕垫块棉布睡觉也是极好，它能完美托住颈部，让人安神歇息。这两样算是精品物件，陈列就很美，发现还能正常使用，我突然觉得没买贵，超值了。

旧物新用让老物件有了更多可能性，大门处我们放着一个木制全榫卯的脸盆架，好像是以前捡来的，平时做摆件，下雨拿来挂伞，炒菜可搭锅盖，各种使用它都依然胜任。

在书店遇见了惯骗

开店不可能一帆风顺，在翊武路老众目的五年多里，我们经历过三次严重的书店危机，其中合伙人的突然离开和疫情影响这两次危机我已写过，现在我来说说从未公开的那次书店危机。

我们店里有一只惹人喜爱的长毛加菲猫，其实它最初是被人遗弃的病猫，原主人欧阳（化名）家住南宁，她一开始是带着一只可爱的柯基犬来店里消费，她的出手大方且能说会道让人印象深刻，后来还参加过我们几场读书活动，积极结交其他书友。某一天，她说想送一只极好的加菲猫给店里招揽生意，我考虑到精力有限，品种猫需要仔细照顾，就拒绝了。可过了几天，她把那只加菲猫直接抱来店里说有事要放半天，晚上来领，但直到打烊也没见人影。我赶紧联系,她推说最近特别忙,没空照顾猫了,让店里帮忙找人领养这只猫。看到当时全身患有严重猫癣的瘦弱加菲猫,我心软了,在爱猫书友的帮助下,我们积极给加菲猫增强营养、泡药浴。日久生情,看着恢复健康的加菲猫融入店里,得到众人的喜爱,我决定自己收养,并时常在朋友圈发猫猫们的图片。

半年之后,欧阳带着许多猫零食、猫用品出现了,同时又在店里买了不少书,说这些都是感谢我们对猫猫的照顾,看到她诚恳的态度我也没有再说什么了。随着我们日渐熟络,她提出和我一起投资开书店,还推荐了王城附近一处大铺面,但我仔细考虑后没有同意。

随后,自称医生的她主动去买了宠物疫苗,亲自帮店里的几只猫猫全打上了,没想过了几日,我们多只猫猫陆续发病,去宠物医院一查居然是猫瘟。据分析,欧阳是在没有相关经营资质的宠物店买的疫苗,应该是这些问题疫苗引起了猫猫的发病。虽然这家违规宠物店也受到了管理部门的严肃查处,但猫猫们的病我们不能耽搁。这时欧阳主动说这次事故她有责任,猫猫们在医院的治疗费用由她负责,她会去找宠物店报销。既然如此,我就授权把猫猫们的治疗交给了她。

但在后续的治疗中,她却编造多种理由,大幅虚报治疗费用问我借款,为了救治这些店里的毛孩子,我没有过多怀疑。直到宠物医院的书友反映她一直拖欠猫猫的治疗费用，而且不断催促医院虚开大额的治疗账单，我们才意识到问题的严重性。原来她不仅想借此敲诈违规的宠物店，还想瞒天过海在书店这里一石二鸟！后来综合分析，她之前对书店的各种示好帮助，其实是为了想诱骗我们一起开店，再卷款消失，此乃她惯用伎俩。

气愤之余我们没有打草惊蛇，通过多方协查，我们了解到欧阳在广西多地有被追债的情况，她躲债到桂林后不思悔改又在继续行骗，其间有些受害者还幻想她会主动还钱，劝我和她私下沟通不要闹大。想到其中受害者还有书友，我就更加气愤，这人实在太可恶，我们与惯骗势不两立！

奋起反击，伸张正义

接着，我以商量猫猫治疗的理由把她约来书店，再喊来十几位被骗者把她围住并报警，在警察问询时她一再狡辩说这些都是借款，为了脱身她还哭诉自己的悲惨经历，又哄骗朋友过来帮其还清了一部分小额的欠债。真是一个会演戏、会钻法律漏洞的老骗子！这次虽然没有立案成功，但狠狠打击了她的嚣张气焰，同时让大家看清了她惯骗的真实面目，从而避免了更多人上当受害。

不出所料，到期她依然没有还钱。我们自然要追究到底，于是请法律专业的书友帮写了诉状走了诉讼程序，一审二审我们亲自出庭做证，都获胜诉，最终看到她上了老赖黑名单，我们也算出了一口恶气。

吃一堑，长一智，这次危机教训深刻，虽然人心难测让我们损失不小，其间书店的经营也受到拖累，但我也收获了宝贵的人生经验。遇见不好的事我从来不喜欢抱怨，这没有意义，反而徒增消极影响，因此我更愿意看到该事情积极的一面。

平易近人的众目也有风骨，开店多年，无论风雨，我们从未向外界公开发过求助信息，这是我们书店一贯的作风。我们感谢真正的尊重和支持，卖惨和被怜悯从来不是我们的选项。

开一家更有趣的书店

三年多的疫情没有击垮众目，反而让我萌发了要做一家新众目，一家真正让人乐在其中的书店。这个想法和 2021 年广西师大出版社主办的"加油！书店"的文化活动有莫大的关系，当届主题是"生活在书店"。据出版社的书友说他们在内部讨论之时，就聊到众目独特的生活气息，因此当年众目也和全国五家书店成为指定的跨年夜活动场地，其中我们是唯一非省会城市的书店，整场活动是我们和书友一起筹备的。活动特别成功，这次难忘的经历给我们书店带来了极大的信心和触动，真正是契合了"加油！书店"活动的主题宗旨。

新店超大面积和优美的周边环境是我们来此的重要原因，繁花里商场的诚意相邀起了关键作用，让我们可以潜心打造与众不同的新众目。为此我们义无反顾选择了直接搬店，在那里我们将探索对未来书店的奇异梦想。

许多人都说我很有书店情怀，没错，我能开这么久的书店无疑是热爱这个行业的，但如今开书店光靠情怀没有多大意义，只有活得好才是王道！书店经营本质上就是商业项目，因此同样需要良好的商业赢利模式才能持续发展。

经过一年多的摸索，新众目也基本实现了收支平衡，同时也确定了自己独特的商业模式，在此我们也有必要梳理总结。

新店第一项业务是传统售书和租书，店里图书基本是以适合大众的精品书为主，偏重传统文化、经典社科和长销书。检讨一下，开业以来我一直忙着打造各处空间，没有太多精力打理图书，后续我们将调整图书种类与陈列，增加一些小众品牌的特色好书提升书品质量，在此欢迎各位书友推荐自己喜爱的作者、书名、出版社或图书品牌。

恢复租书业务既是我们多年的心愿，也是新店吸引读者的重要举措。店内部分新书都包了书皮或书膜，既可外借也成样书，大家可以随意翻阅，这拉近了人与书的距离，也促进店里书刊的销售，真正是一举多得。

"书非借不能读也。"通过借书，大家的阅读有了更多动力，每本书上备有留言纸，写下的真挚书语就像一个个漂流瓶似的传递到未知读者的心里。我们还把陆续收到的书友赠书拿来出借，让这些在家闲置的好书重获新生也是一桩美事。期待有了更多便捷实惠的租书，读者能多一个常来众目的理由。

长远来看，图书租售虽然不会是我们最主要的赢利项目，但丰富和有特色的图书绝对会吸引更多优质读者，从而促进店内其他消费。

店里的第二项业务是文创周边，目前我们代理了几位书友的特色文创，同样主打广西元素的"将果文化"和"湛在地球"的文创目标客群就有差异，前者适合大众，性价比高；后者挑人，艺术性高，之前的滨江文化市集上大受欢迎。另外，书友的手写书签、小抄文创精致实用。之前，我们众目自己的文创早已售空，应广大书友的呼声，将陆续推出一些众目特色的文创，让大家可以带走更多众目的美好记忆。

众目也仿佛是一家旧物博物馆，新店第三项业务就是老物件和老书的出售，除了一些我们自用或特别喜爱的被列为非卖品，其余老物老书我们都将适当定价销售，让更多人感受旧物之美是众目的初心，同时也能增加旧物流通，体现其相应的经济价值。拓展的旧物出租也是一个不错的主意，之前就有拍摄《西南剧场》民国剧的书友来店里租老皮箱做道具，效果很好。近期，我们还和华南理工大学的林哲老师一起筹备了桂林老地图原件公益展，这是桂林老照片展的延续，这些老地图原件都是林老师多年的珍藏，其中部分是难得一见的手绘地图孤品，有幸在新众目和大家共赏交流。正是基于这些实物史料，才构成了一座城市（民族）的共同记忆，而这也是人文学科所需要做的：去观察、记录和讲述"何以为之"，将更多关于人文的话语引入公共认知，让它们继续启发后继者。

第四项业务是店里的餐饮项目，围炉煮茶和炭火素食都是众目的特色推荐。考虑老书店的格调，饮品自然是扬长避短，依据时节还有甘蔗马蹄毛根水、山楂凉茶和新鲜牛乳等地方特色茶饮，配上桂林本地的新鲜糕点与水果，大家围炉而坐，仿佛回到 20 世纪 80 年代的家里，这才是符合众目的天然属性。

民以食为天，开书店也要好好吃饭，众目有在店里开伙做饭的传统，这源于四年前的老店，当时几位喜欢美食的年轻书友时常买菜来店里现做，美味的鱼肉海鲜确实过瘾但也容易吃撑，以至影响晚上休息。幸好志愿者唐老师接管了众目食堂带来了健康饮食。新店伊始，我就自己去菜市采购新鲜食材，回来和伙伴一起动手用炭火做菜，中午一般荤素皆有并搭配水果，晚上通常以素食为主。菜品适中少盐少油，青花瓷盘盛菜更显雅致，因此餐餐光盘也不浪费。对食材的尊重也是惜物，至此，我们在吃饭上，也实现了自给自足与膳食平衡。

第五项业务是举办文化活动。众目8年的时间举办了各类主题活动800多场，目前每月都有10余场活动，基本是长期系列分享会。我们除了一直在做的公益活动，目前的大部分活动有适当的收费，这既筛选了参与者和提升了活动质量，又支持了书店运营，极好地增进了大家的交流。

"好的空间设计也是会成长的"，我一直记得新众目空间设计师薛雪书友的这句话，半年多的基础装修让400平方米的空间有了一个极好的框架，也为后期的改造升级留有足够的余地。当初因为商场定了开街日，以致我们匆忙试营业，否则装修会更从容。但这样也好，我们就先使用，结合新店文化生活空间的定位，设置了图书区、生活区、活动区、特别空间等。实用和质朴温暖是我对空间功能最重要的要求，这里没有华而不实的网红打卡造型，而是把有特色的老物件陈列和使用起来，和书籍、文创自然融入，让每处皆成一景。

第六项业务是空间体验和拓展项目，近期我们办过两次印象深刻的研学活动。一次是几位老师和一群中小学的孩子来店里做沉浸式"剧本杀"，休息时，孩子们在榻榻米上开心打滚的场景让我实在难忘！

还有一次是一群幼儿园的小朋友来众目体验炭火菜

和寻物项目。他们分成两组，每人随机抽取一张老物件的卡片，30分钟内在店里各个角落尽快找到相应物品，还要回答该物品的名称和用途。看到孩子们相互协助找到物品兴奋的模样与喊声，我们感到十分欣慰！让更多孩子感受这些有趣的老物件是众目设置该项目的最大初衷。

新众目最大的烦恼之一，就是一些素质不高的人来此拍摄人像，严重影响了书店经营，为此我们规范了店内拍摄须知，提倡友好拍摄，彼此尊重；同时，也顺势引流，推出拍摄套餐的项目，提供独立空间让拍摄者有更好的消费体验，这增加了店内收入，也减少了对店内其他读者的干扰。

不知不觉，讲了很多心里话。回望过去，没有老店的积累就不可能有今日的新众目。开书店任何时候都有意义，因此我无须多说。一直觉得开一家有趣的生活书店更令我向往，更让我有激情！而在书店的生活让我找到了真正的快乐，逐步自愈了封闭孤独的内心，学会了接受不完美的自己。

感谢众目精神的指引！感谢自洽努力的自己！感谢家人和众书友一直的陪伴支持！

青岛 · 如是书店

本文作者

安东,如是书店首席图书选荐师。

推荐书单

[美]凯·伯德、[美]马丁·J.舍温,《奥本海默传:美国"原子弹之父"的胜利与悲剧》,汪冰译,中信出版社 2023 年

[美]墨磊宁,《中文打字机:一个世纪的汉字突围史》,张朋亮译,广西师范大学出版社 2023 年

谌旭彬,《大变局:晚清改革五十年》,浙江人民出版社 2023 年

易小荷,《盐镇》,新星出版社 2023 年

[日]坂本龙一,《我还能看到多少次满月升起》,白荷译,中信出版社 2023 年

[阿根廷]埃内斯托·萨瓦托,《终了之前:萨瓦托回忆录》,侯健译,四川文艺出版社 2022 年

新京报书评周刊,《开场:女性学者访谈》,新星出版社 2022 年

[英]齐格蒙特·鲍曼、[瑞士]彼得·哈夫纳,王立秋译,《将熟悉变为陌生:与齐格蒙特·鲍曼对谈》,南京大学出版社 2023 年

[美]雷蒙德·卡佛,《不管谁睡了这张床》,小二译,南海出版公司 2024 年

刘亮程,《大地上的家乡》,译林出版社 2024 年

书店简介

创立于 2015 年,近十年来,从一家书店发展为城市更新的轻资产文化运营商。根植于对城市的热爱和新知的追求,引领青岛乃至山东文化时尚新潮流的生活方式。

青岛·如是书店
寻找河的第三条岸

安　东

哥伦比亚作家胡安·加夫列尔·巴斯克斯说过："一家好书店是这样一个地方：你为了找一本书进去，出来时却买了你原本不知道存在的书。文学的对话就这样得以拓宽，我们体验的疆界就这样在反抗局限中向外推进。"

一个人的阅读史，就是他的精神成长史。书店存在的最大意义，莫过于推动更多人自觉探索世界。这也是我们做如是书店的使命所在。每一个想要成长的人，我们都愿意为他提供向上的阶梯。

2015年3月12日，植树节，如是书店第一家店国信体育场店开业，创始人郝照明带着我们，怀着美好的愿望，一人一铲土，合力在书店旁种下一棵树，也种下了深耕文化产业的初心。到2024年，如是书店已经走过了整整9个年头。9年里，酸甜苦辣咸，人生百味，算是全都体验过：有品牌初创就轰动全城的荣耀，有获评中宣部颁发的"全国最美书店"的骄傲，有石老人店、西海岸城市阳台店、团岛山森林书店等各家分店遍地开花的喜悦，有一场场名家讲座带给这个城市收获的欣慰，也有疫情期间不得不关闭国信店的悲伤，以及从线下实体转型线上线下结合的阵痛……

9年里，白云苍狗，世事变幻，发生了无数的故事。始终不变的，是如是人做好文化产业的决心和对商业模式的执着探索。而一切故事的起源，要从一艘船说起。

一艘船和它驶往的方向

所有来过如是书店的人，无不被进门处的那艘大船所吸引。那是一艘货真价实的渔船，船身上甚至还有它曾经的编号——"鲁·崂渔3164"。海中航行数十载，经过风浪，看过朝阳，退役后它来到如是，载着我们，载着求知若渴的读者，继续在知识的海洋中乘风破浪。

2014年夏天，筹备如是书店国信店的时候，我们聊起要做一家有青岛本土特色和在地文化的书店。那么，用什么来体现呢？设计师说起几个视觉元素：缆绳、船灯、沙滩……后来说起，做一个船型的前台吧。再一想，做什么船型的前台，干脆去找艘船吧！于是驱车去崂山，海边转了一圈，一眼看中了这艘已经退役的渔船，饱经风霜，像个年长的智者。

买船很便宜，几乎没怎么花钱。可处理起来就麻烦大了：量尺寸，估重量，联系有大型物品运输能力的公司，把它从海边拉到国信体育场；为了把它运上台阶，又租了吊车把它吊上来；船的体积太大，进不了书店大门，又把船体切开，搬进书店之后，再打钢架组合到一起。之后打磨、防腐、刷漆、根据营业需要做改装，加装台面、抽屉、储物柜等，一整套下来，花在这艘船上的钱超过了六位数，有人说：还不如做个船型的收银台……然而效果着实不一样，这艘老迈的渔船重又焕发了生机，卧在那里，威风凛凛，有了纵横七海的豪气。我们又去海边收了一堆大小不一的鹅卵石，铺在船旁，味道更对了。站在周边，仿佛能嗅到海风的气息。

如是人都喜欢这艘船，平日里的功能区"前台"，在我们口中都叫"大船"：我在大船等你，请去大船结账，今天谁在大船值班？

这艘大船，曾在真正的海洋里披风斩浪，也在书海载我们稳步前航。

也许冥冥中自有天意，这艘偶然相遇的船像极了如是人的拼搏精神：纵有风浪，也要迎风而上。在如是书店国信店的 7 年里，这艘船见证了大大小小几千场活动，也见证了一批批如是人的汗水与努力。

2021 年 11 月，出于种种原因，如是书店国信店闭店了，这艘船也暂时被留在了关闭的书店里。2023

年夏天，在青岛的百年老街中山路，载着诸多读者的期盼，更肩负着中山路"文化复兴"的重担，空间更广阔、业态更丰富的如是上街里书店开始了试营业，这艘老渔船，又重新回到了读者的视野。每个走进上街里书店的老读者，看到它，都会忍不住会心一笑，像见到睽违已久的老友。

同样是在 2023 年，有一本特别值得一读的书，作者是韩国著名的舞蹈家洪信子。书中有这样一句话："当船停泊在港湾时，没有任何危险，但船并不是为此而存在的。"如是书店的这艘船，也象征着一种探索、远航的精神，无论如是的书店开到哪里，它始终会在我们心里，载着我们，继续乘风破浪；它所代表的精神，会出现在每一家新开的如是书店里。

河的第三条岸

如是书店的口号是"河的第三条岸"，这句话出自巴西作家若昂·吉马朗埃斯·罗萨的一篇小说的名字。这是一个短小隽永、意味深长的故事，故事里的男人不甘于平淡的现实生活，离开家人，独自驾舟在河上漂流。男人和他的小船，在并不理解他的儿子眼里，成了"河的第三条岸"。

口号的提炼，自然也受到那艘船的启发。一艘船，会让人联想到航行、探索、摆渡、未知、远方、乘风破浪……一系列的关键词,从这些关键词里,几乎是自然生发出了"河的第三条岸"这句话。

9年来,"河的第三条岸"这句话,与如是书店融合、共生,像一棵树生长出枝叶,这句话也生发出了更多的意蕴和更丰富的内涵。

从人生哲理角度说,人一生下来就一直在生的此岸到死的彼岸,而如是想传达的,是在此岸与彼岸之间的另一种生活方式的可能性。生活不只是凡庸琐碎的现实和触不可及的理想,更有属于精神层面的另一种存在。超越既有认知的另一种可能性,就是想象河的第三条岸。如果用一个字来形容我们的一生,就是"渡",可以是自渡,也可以是渡他。如果用两个字来形容,就是"探索",人生的意义在于开拓认知的边界,看到更多的可能,而"推动更多人自觉探索世界",是如是的使命所在。

从空间的角度来说,人的生活主要分布在三个生活空间,即居住的第一空间、工作的第二空间和购物、休闲、娱乐的第三空间。而评判人的生活质量提高的一个标准,往往表现为第一、第二空间的逗留时间减少,第三空间的活动时间增加。如是书店虽然在商业模式上打通了线上和线下,但毕竟是基于实体店而生,始终在致力于打造一个温暖、开放、多元的生活空间,一个让我们感到轻松、愉悦,可以抚慰精神、提升自我的空间——这个空间,也是我们"河的第三条岸"。

一切过往，皆是序章

2024年3月12日，如是书店9周年店庆。9年时间，足够让如是书店褪下稚气，留下沉淀。我们在如是书店上街里店做了一场"如是书店9年发展史展览"，邀请读者朋友共同感受我们携手走过的路。

这样一场展览也让我们不禁向着来路回头审视：9年时间，如是究竟做了什么？改变了什么？留下了什么？更让我们不得不向后展望：在每天都充满革新的大时代里，我们要如何发展？

2014年，在广州、深圳打拼十多年的郝照明，带着对家乡的热爱，选择回青岛二次创业。此前，他先后打造了百思得、一品堂、家有购物等商业品牌，成为中国"前电商时代"商业模式的一名引领者。这一次，他将目光锁定到了文化产业上，更确切地说，是书店。

2015年，如是书店的首店国信体育场店开业，是当时山东省内单体面积最大的民营实体书店。从诞生之日起，如是就不仅仅是一家书店，这是一家集合了书店、绘本馆、咖啡区、精酿酒吧、教育、美术馆、小剧场、演出等多业态的美学空间。每年举办超千场大大小小的文化活动，到店读者200余万人次。

如是书店国信店举办活动的场地类似一个阶梯教室，是展现青岛、了解世界的窗口。阶梯旁的签名柱上，密密麻麻签满了每场活动的嘉宾名字：袁隆平、北岛、索达吉堪布、陈晓卿、邹静之、余秀华……每一个小小的名字，都代表了一场高质量的分享活动，代表了如是留下的一个脚印。2021 年年底，如是书店国信店闭店，我们撬下了柱子上签满名字的木板，清理、刷漆，装裱起来，现在这些签名板都保存在如是上街里书店，被我们珍藏起来。

2018 年，如是书店城阳店开业，因其地理位置处于万科金域华府的社区门口，我们将其定位于一家市民家门口的文化邻里中心。出于更好地、更精准地服务社区居民的需求，上下三层，共 1500 平方米的空间，我们划分为书店、餐饮、儿童教育三个模块，以书店为入口，融合图书、文创、绘本、鲜花烘焙、餐饮等业态。根据不同年龄段的群体，为孩子提供周末托管的培训服务和针对老年人的老年大学，提供多元化的文化空间和产品，打造市民家门口可以学习、会客、吃饭的书店。

2019 年，如是书店石老人店开业，这是一家位于石老人风景区的书店，面朝大海，紧邻沙滩，天生自带网红属性，自诞生之日起，就受到本地居民和外地游客的广泛欢迎。创始人郝照明始终认为，一个好的文化空间，应该既能安放身体，也能安放灵魂。如是书店石老人店的建筑风格，以"蓝天白云"为设计灵感，圆形全景式玻璃，极为通透。为了配合建筑风格特点，店内的书架我们采用了"海浪"的造型，高低起伏，错落有致，既有青岛本土元素，又能让顾客越过书架看到大海。在图书的陈列上，我们也没有因循传统的分类模式，而是做了一个"解忧杂书铺"的概念，针对当代年轻人生活、情感、工作中经常会遇到的问题，用主题书单的模式，来为他们排忧解难，例如"如何拒绝内卷""提升摄影水平看这几本书就够了""爱喝咖啡的你真的懂咖啡吗"等。许多年轻人不仅被美景吸引，更为新奇的图书主题吸引，前来阅读、品咖啡，在社交媒体上与朋友分享自己的体验。

坐拥山海，如是书店石老人店并没有满足于做一家"网红店"。我们举办了大量精彩活动："石老人沙滩音乐季""石老人沙滩跨年夜""名家画崂山""如是朗读会"……其中，"石老人沙滩音乐季"每年从 5 月一直持续到 10 月，爵士音乐会、吉他指弹音乐会、摇滚 JAM 现场、打击乐主题音乐会，青岛的浪漫、活力与时尚尽收其中。

2020 年 4 月 29 日，如是书店石老人店启动 24 小时服务，为城市点亮了一座永不熄灭的精神灯塔。2023 年 4 月 23 日，在杭州举办的第二届全民阅读大会上，如是书店石老人店荣获中宣部颁发的"全国最美书店"，是目前青岛第一个、山东唯一一个获此殊荣的民营书店。

2021 年，如是书店城市阳台店开业。这依然是一家毗邻大海的景区店，不同的是场景换到了青岛的西海岸——青岛城市开发的新热土。集装箱搭建的别致造型，彰显着城市阳台店的个性，书店的定位是"后浪"。此处的"浪"有两层含义：一为"长江后浪推前浪"，寓意书店的青春活力；二为"浪"在青岛话里有自由奔放、放开玩儿的意思，也契合如是丰富多元、不拘一格的特质。

2021年另有一件大事。这年的11月，因为疫情的影响、高昂的房租，让开业7年的国信店不堪重负，最终闭店。我们策划了一场盛大的告别仪式，并与读者约定：更高处见！

不久，2022年10月，如是书店团岛店开业了，书店位于青岛市南老城的团岛山森林公园内，一个藏着青岛"绿肺"的小森林。团岛，旧称"坦岛"，被"团""坦"不分的青岛人喊成了"团岛"。我们钟爱"坦"这个字所包含的"舒坦""坦然"等美好寓意，倡导一种与大自然、与自己和谐相处的"坦"生活方式。书店营业以来，已举办活动200余场，"森林读书会""平行诗歌会""户外探索营"等活动，让人体验人与自然、书与自然的和谐之美；"青岛百年建筑主题摄影展""新春民乐音乐会""元宵节传统民俗市集"等活动，又让城市历史活灵活现地回到我们身边。

2023年6月，在欢乐滨海城云上观海艺术空间内，如是书店开启了第6家店面——如是书店云上观海店。这里被读者誉为"最美夕阳书店"，每到落日时分，总会有人特地赶来，观看优美壮观的海上落日。同时，这里还是"青岛市图书馆如是音乐分馆"，以音乐为特色，结合最美夕阳，相得益彰，交相辉映。

2023年8月，在国信店闭店近两年之后，如是书店终于迎来了新的旗舰店——上街里店！书店位于青岛最具历史感和拥有最多故事的中山路。中山路历史悠久，堪称青岛的"母脉"，是曾经与上海的南京路、北京的王府井齐名的老青岛著名的商业中心。

从文化上讲，以中山路为主轴的历史街区更代表着青岛的百年历史文脉：从1933年青岛第一家进步书店荒岛书店，到后来的中山路新华书店，以及以外文书店、古籍书店、音像书店、学苑书店、汉京书店为代表的各具风格的特色书店，这里始终是青岛的书店群落集合地和文化策源地。可以说，中山路承载着全青岛人共同的回忆，甚至有一首青岛人人耳熟能详的童谣："一二一，上街里，买书包，买铅笔，到了学校考第一！"这里的"上街里"，说的就是"去中山路"的意思。

所以，如是书店上街里店开业后，我们有的放矢，策划了一系列关于青岛历史与中山路历史的主题活动，包括"探寻青岛老城印记""青岛方言的起源与传承""沈从文的青岛情缘""王群胶片时光·中山路1980—2000"等，活动形式包括了图书签售、讲座、艺术展览、学术沙龙等，丰富的活动，既配合了青岛的城市更新，也重新勾起了市民对中山路的集体记忆和怀旧情绪。

与此同时，为了把年轻人吸引到中山路，我们也策划了"如是上上签图书盲盒""青岛计划文创""艺术家联名文创"等一系列创新举措，不仅丰富了读者的阅读体验，更将书店打造成青岛"智造"的策源地。这些创意不仅展示了青岛的文化底蕴和创新精神，更吸引了众多年轻人和文化爱好者前来参与。其中尤其值得一提的是针对"95后"年轻人的"95夜校"。这是一个青年人聚集的交流学习平台，不仅能够推广和普及各种文化知识，还能激发和赋能年轻人对学习的热情和兴趣。通过举办各种文化活动、讲座和兴趣课堂，"95夜校"为青岛的文化发展提供了多元化的资源和视角，促进了人与人的交流和融合，也有助于年轻人构建"圈子"和寻找"爱情"。

从2015年的国信店，到2023年的上街里店，如是依然在做实体店，但其中的底层逻辑和商业模式早已千差万别。这也正是如是这些年始终坚持如一在做的事，对商业模式的思考、探索和尝试。

"我一定要把赚钱的方式找出来！"

2021年，国信店闭店的当天，创始人郝照明在抖音发了一条视频："这些年以来，如是书店做了很多活动，青岛人民很喜欢，也很温暖城市，但是我没跑出商业模式，没有赢利的话，你干的事再好，也持续不了。但开书店这个事是正确的，我喜欢做社会需要的事，我一定要把赚钱的方式找出来！"类似的话，诚品书店的创始人吴清友也说过："无商业，不能活；没文化，不想活。"

大家共同的痛点都是书店业的商业模式探索。

郝照明说的这句"我一定要把赚钱的方式找出来"绝不是"气氛烘到那了"之下的信口开河。在商业模式上的探索和尝试，如是书店多年来是始终如一的。如是的几个门店，也分别在商业上带给我们不同的启示。

2015年，如是书店国信店开业，很快就在青岛有了不错的影响力。郝照明清晰地意识到，随着生活水平的提高，当下大众对文化的需求正在不断提升且呈现出多元化态势。基于此，对于书店而言，更要朝着让读者可以切身感受到"最美体验"的"最美书店"方向迈进。"以书为内核进行文化传递，同时，其自身带有温暖和高品质。"郝照明在接受采访时曾说，这是他心目中的最美书店。

如是在开业之初，走的就是综合文化空间的路线，除了书店，还有咖啡区、文创、教育、绘本馆、美术馆、小剧场等业态，但始终难以变现。2017年，如是由一个书店升级成一个文化园区，叫"如是邦"，业态也越来越丰富，比起单一的书店业态，这样的综合体无疑对年轻人更具吸引力。

然而,过高的房租和自营业态过多,让这个模式没有跑出来。国信店最终闭店。

2018年开业的城市阳台店则带给如是另外一种商业可能。秉持"阅读让社区生活更美好"的经营理念,把实体书店的建设向基层、向社区延伸,精准服务一老一小一家庭,这是行得通的。只要样本打好,甚至是可以快速复制的。而对石老人店这样在景区黄金地段、生来自带网红属性的店面来说,商机是可遇不可求的。有机会,紧紧抓住,努力做好,然后用成熟的运营经验,等待下一次机遇。

疫情虽然对实体书店打击巨大,但也倒逼整个书店业进行了洗牌、调整和升级,对于如是而言,是从此坚定了做轻资产文化运营商的定位。

我们依然会全方位服务于城市的文化建设,但自投部分会越来越轻。从2021年开始,所有的新开门店,如是书店都是以文化空间运营商、文化服务提供商的身份介入的。这样,既没有了资金投入的压力,同时也能灵活地发挥如是深耕文化产业多年所积累下来的运营经验、管理制度和上下游产业链资源。

我们将目前运营的空间划分为旗舰店、社区店、景区店,并同时对用户人群进行了画像和细分,现在的主要服务对象有四类人:热爱潮流文化的年轻人、亲子人群、文化爱好者，以及对生活品质有要求的高净值人群。一旦确定了要服务的客群，那么产品结构、空间展陈、活动方向就全都有了答案。比起眉毛胡子一把抓，精准的客群定位，无疑会让经营更聚焦、更有效率，收益也更高。

除了 2023 年获得中宣部颁发的"全国最美书店"奖的石老人店，如是还有几家门店都获得过其他各种最美书店称号。打造最美空间一直是如是书店的追求。但比起单纯的空间搭建，如是现在更重视生态搭建：包括各种业态的组合、完整丰富的文创产业供应链，更包括线上线下的联动。如是书店一直是以书店为入口，以提供公共文化服务为基础，将文化赋能商业，构建文创产业供应链，孵化为成长级的文化综合体。

2020 年之后，郝照明开始了自己的短视频和直播之路，经过几年的摸索和持之以恒，他现在已经是一个在抖音拥有近 20 万粉丝的"网红"，这让他可以直接面对读者、用户和市场。他不仅在网上直播，同时可以完成链接供应商、招聘、宣传、带货、开课等多种职能。不仅自己当"网红"，郝照明还鼓励如是等所有小伙伴都能成为"超级个体"。如果一个团队里都是同时拥有内容力、运营力和销售力的超级个体，那他们聚变出来的力量，简直是无法想象的。线上的流量入口、内容生产，加上线下的空间运营、产品服务，想明白了要"择一事，终一生"的郝照明，也在一步步想明白实体文化空间的商业密码。

如是书店如同一个持续生长的生命体，在9年的时间里不断汲取经验、吸收养分，文化行业的耕耘和商业模式的探索，都是它的成长能量。

郝照明在接受采访时多次说过，如是书店的愿景是"2858工程"：所有人都需要文化场所，而开业那年他查过，全中国一共有2858个县市区旗（现为2844个。编注），如是想让全中国的每一个县市区旗都有一个这样温暖、开放、多元的文化空间，推动更多读者在这样的文化空间里去探索世界。

回首如是书店走过的9年，让我们愈发相信阅读的力量和前景的光明。前路漫漫，唯有全力以赴，为搭建更多人的阅读阴凉，努力长成参天大树。

广州 · 1200BOOKSHOP

1200 BOOKSHOP

本文作者

刘二囍，前建筑师，业余写作者，1200BOOKSHOP 创办人，学而优书店主理人，已出版《愿天堂就是书店的模样》《人在书店》《书店的温度》等。

推荐书单

［美］艾伦·金斯伯格，《嚎叫：金斯伯格诗选》，四川文艺出版社 2001 年
［波兰］亚当·扎加耶夫斯基，《无形之手：扎加耶夫斯基诗集Ⅰ》，李以亮译，北京联合出版公司 2020 年
［法］布鲁诺·拉图尔，《我们从未现代过：对称性人类学论集》，刘鹏、安涅思译，上海文艺出版社 2022 年
［美］艾米·斯坦利，《江户时代江户城》，间佳译，海南出版社 2024 年
［美］沙希利·浦洛基，《原子与灰烬：核灾难的历史》，李雯露、王梓诚译，广东人民出版社 2023 年
黄博，《宋风成韵：宋代社会的文艺生活》，浙江大学出版社 2023 年
［日］铃木凉美，《献给爱与子宫等花束：夜女郎的母女论》，蕾克译，广西师范大学出版社 2023 年
黄灯，《去家访：我的二本学生 2》，人民文学出版社 2024 年
曹雨，《中国食辣史》，北京联合出版公司 2019 年
程璧，《肆意生长》，广西师范大学出版社 2024 年

书店简介

创立于 2014 年，1200BOOKSHOP 作为广州本土独立书店品牌，致力于成为广州文艺地标。书店被 CCTV 多次报道，并被 CNN 评为全球最酷书店之一，多次入镜广州城市宣传片，被誉为城市文化名片之一，目前在广州拥有五间门店。

广州·1200BOOKSHOP
三十六度五的热情

刘二囍

2024 年是一个重要的年份，创立于 2014 年的 1200BOOKSHOP 年满十岁，开始步入一个新的阶段。

过去的十年，1200BOOKSHOP 更像是一个懵懂和冒险的青少年，有张扬和莽撞，也有无知和无畏。下一个十年，我认为是它的壮年，也期待着它的懵懂与冒险能更加成熟。伴随着书店的成长，我也从行业新锐成为很多业内人士口中的前辈。然而，资历加深了，我却越来越不自信了。

初入书业江湖的我，颇有意气风发之势，觉得通过努力理应能够探索出新路径，开辟出新天地。时至今日，我对书店的未来越来越不乐观，与此同时，我当初的狂热与激情也正在消散。过往我在书店停留大量的时间，如今平均一个月才去一趟门店。过往我会写出大量关于书店的文字，如今我长期失语。

不过现在，借着这次书稿的契机，我得以用文字重温书店。

店名的起源与误会

关于书店，我们见到有以书屋、书社、书舍、书局、书阁、书园或书房作为后缀的，却很少有BOOKSHOP，即便在境外也多是用BOOKSTORE或者BOOKS。当初为何选择BOOKSHOP一词，其实没有太多考究，除了表达有所不同，可能主要是为了匹配1200这个组数字，因为这个数字是经过仔细斟酌的。

听到1200这个名字，很多人通过24小时书店这个标签联想到的是12：00，这么听起来也不错。而实际上，店名缘于一场徒步旅行，1200公里是绕着台湾省的海岸线行走一圈的里程。2013年，在台湾读研究生期间，我开始了一场冒险的旅程，想象着像电影《练习曲》里环岛的主角一样，体验沿途的风景与人情。不同的是他选择骑单车，而我纯粹靠步行。作为一个临时"苦行僧"，我拥有大把的闲暇时光思考人生，在那种状态下，物欲世界的大门闭合，渴望向精神世界迈进一程，于是我做出一个重要决定，就是开一间书店，期冀以此成为一个内心丰盈的人。在台湾的经历一直是我珍视的，它决定了我人生的潮水走向哪一片海。

这有点像万圣书园的名字，起初定下万圣这个名字是因为老板生日是万圣节，且书店在万圣节开业，但后来书店的名字被解读成一万个圣人,听起来也蛮符合品牌调性,就被广而传之了。

不打烊的缘起与内情

书店名字可以不用解释,公众可以有自己的解读。但是关于不打烊书店还是有必要解释的。经常有媒体误传1200BOOKSHOP是最早的一家24小时书店,事实并非如此。北京三联书店的24小时经营模式早于广州的我们,比三联更早的还有上海的大众书局和深圳中心书城内的24小时书店。特别要提的是深圳的24小时书店,因为十几年来它几乎是不间断的,而北京三联和广州1200BOOKSHOP都是断断续续的。要说明的是,深圳书城和北京三联都属于国营,而我们是民营的。自2014年7月至今,1200BOOKSHOP前前后后一共开设过十间门店,只有部分门店推行过不打烊模式,天河北路店和中信后街店已经进入历史红尘。曾经长期不打烊的体育东店,如今迫于各种原因,也只是营业到凌晨。不过,我们也正在筹划着尝试在周末节假日重启24小时营业模式。

至于当初为什么选择不打烊模式,那必须提诚品书店。我始终记得在深夜的台北目睹的一个场景:凌晨两点钟,成排的计程车在书店门口等候客人。在我的生活经验里,这种景象只发生在美食街、酒吧街、夜总会。

而位于台北仁爱路圆环的诚品敦南店，在 1999 年开启 24 小时营业模式，让无数读者得到庇护，也让我的心愿在深夜萌生。

如今，随着敦南店的关张，公众对诚品书店关于 24 小时的书店记忆越来越淡；随着诚品走出台湾，在香港、苏州、深圳、东京拓店，诚品的台湾标签也越来越弱。与此对应的，1200BOOKSHOP 不打烊书店的印象也正在衰减，但是它依旧扎根在广州。

在地化的本土书店

2021 年年底，诚品书店深圳店闭门，引起热议。对比茑屋书店在国内受到的追捧与推崇，诚品颇有些英雄迟暮之感。十年前如日中天的诚品书店，是华人世界，甚至全世界书店业的王者，也是无数文艺工作者到台湾后必须去的地方。

我在想，如果诚品没有走出台湾，我们是否可能会更渴望走进它，台湾当地人是不是会更爱它，它的受欢迎程度是不是会更高？我们把诚品书店称为台湾的文化地标，那么当它更多地出现在了其他类似的地方，它是否还依旧能够成为原在地的那个地标？

诚品书店从台湾地方书店，走到苏州等地，还走进东京，成为国际连锁品牌，可以将此理解成商业上的选择与抱负。而对于绝大多数书店而言，并不具备良好的商业潜能，连锁路线很容易导致穷途末路，在全国范围内书店行业能够走通连锁模式的屈指可数。另外，很多书店的诞生是出于个人理想主义的情怀，经营一间独立书店才是初心所在。而独立书店与城市的密切性极强，那些让人艳羡的独立书店，往往都几十年如一日地只停留在一个城市，这也是属于独立书店的独特浪漫。

1200BOOKSHOP 近几年来处在独立书店与连锁书店之间的模糊地带，从数量上看具备连锁的趋势，但就实质而言，依旧保留着诸多独立书店特征。我认为，书店一旦走出广州，往前一步，1200BOOKSHOP 将会定性为连锁书店。而我更倾向于其成为独立书店，其一，我并非有商业抱负的人，也自知商业管理水平有限；其二，当初打动过我的是旧金山的 City Lights、纽约的 Strand、北京的万圣书园、深圳的旧天堂书店，以及尚未出走台湾的诚品和南京的先锋。

坚持让 1200BOOKSHOP 不走出广州，是我对连锁书店望而却步的体现，也是书店对广州的依恋。当下的 1200 是很多外地人身临广州慕名而至的地方，在一定程度上它代表着广州的文艺地标，这种社会价值效应所附带的光环，让人欣慰和振奋。假设 1200 出现在全国各大城市，稀缺性不再，本土性也随之弱化，想必鲜有人将其列为来广州的行程之一，这是我不希望发生的事。

间歇性打烊的不打烊

若不是经营这样一个不打烊书店，我定不会知道这个城市的夜间有那么多人鲜活地存在。最开始的三五年是不打烊书店的好光景。很多时候，凌晨的书店还挤满人。尤其是周末的夜晚，我们会举办深夜故事分享会，一群年轻人齐聚一堂，围坐到天亮，有时在黎明来临前，一起去附近的江边迎接第一缕阳光。

那个时候，当别人问起我 24 小时书店存在的必要和意义，我会信誓旦旦地说：只要深夜书店有人在，哪怕只有一个人，那就有存在的意义。而如今，我再也说不出这样的话。当深夜书店到处是具有流浪色彩或者非正常行为举止的顾客，当它的夜间景象成为麦当劳的翻版，我曾经期待的客群开始避而远之。与此同时，各种惹是生非的纠纷盗窃等事件时常发生。于是，它的夜间就只能暂停了。

伴随着夜间书店的暂停，书店的 slogan（口号）开始变得不合时宜了。"为一座城市点燃一盏深夜的灯"，这句话是 1200BOOKSHOP 刚开业时就写下的，如今已经被弃用。不可否认，这是一句有温度且有力度的话，可以触动很多人的记忆点。口号惨遭下架，与深夜不符只是表象，实则是想要弱化温度的属性，以此降低大众对免费的期待。当这句话广为传播后，让很多人对这间书店产生了关于公益的想象，为此我们遭遇过多次投诉，他们甚至觉得任何收费都是不应该的。但书店是商业空间，而非公益机构，这是我觉得非常有必要扭转的局面。

关于口号，他们说可以改成"为一座城市点燃一盏灯"，听上去也不错，为此我犹豫过。可是想到这样一改，这句话可以适用于太多书店了，便失去了独特性。在业内，已经有好几个书店是关于灯的。经过多轮的斟酌，在十周年之际，我们选择了以"试着赞美这个残缺的世界"作为新的 slogan，开始新的征程。

可记忆的标签

在地化是一间书店的独特性之一。1200BOOKSHOP 这样的书店，不像是在上海或者北京能够长出来的样子，放在广州倒是显得顺理成章，书店的气质与城市的土壤存在内在关联。广州是 1200BOOKSHOP 的一个重要标签，那么，除此之外还有哪些特征？尤其在十年后，已经进入间歇性不打烊状态且温情弱化的当下。

书店内的空间与软装是一个记忆点，这得益于两点。其一是我科班建筑学的专业背景，对空间的合理性和趣味性，以及在视觉上，我都会全权掌控，所有门店的装修设计均由我主导，在这点上就与大部分书店店主保持了差异；其二是为了节省开办成本，一直在使用旧物或者其他廉价的材料作为软装的主要组成部分，最初的几个门店内随处可见被淘汰的桌椅门窗架柜，以及纸皮木板等。

广州被视为一个接地气有烟火味的城市，这套在1200BOOKSHOP身上倒也合适。置身于1200BOOKSHOP的书店空间，很难启用高级或精致这样的词汇，其气质与大家闺秀和小资均无关。书店的接地气还体现在活动嘉宾的属性上，除了文人墨客，过往我们邀请了很多具有江湖气息或者市井气息的朋友来书店做分享，诸如城市里的流浪汉、地铁口的歌手、小酒馆的调酒师、淘宝店主、青旅义工或者书店掌柜等。

有个书店从业者告诉我，她身边很多同事都在用我们出的文创产品，对比另外一个书业品牌的产品，他们的评价是一个有比较浓郁的人文味，另一个人文属性比较浅，我们属于后者。他们之所以选择了后者，是觉得更具有文艺气息。而这文艺气息也是很多人身临实体门店或者参加了书店活动后给予的评价，比起同城的其他书店，这个形容相对是得体的。人们习惯于把一些书店称为城市文化地标，在广州，这样的标签有其他书店比我们更适合。成为城市文化地标，不是我们的目标，我们在努力成为广州的文艺地标。

上面提到了文创，这也是我们这几年不遗余力地投入的板块。如今的书店通常由图书、咖啡和文创三个基本板块组成。1200BOOKSHOP的图书选品不足以成为优势，而咖啡经历了那么多年的磕磕碰碰也只是达到了勉强及格的水平，唯有文创可以称得上脱颖而出。这里的文创更多的是指我们自己以"12××文艺研究所"为名推出的自营产品。图书市场种种乱象，我们早已经认清卖书救不了书店的现实，而曾经寄予厚望的咖啡业务，也因翻台率而被物理空间制约，不过是让书店续命而已。当初最不被重视的文创板块如今反而被我们视为拯救书店的良药，比起图书和咖啡，它可以以电商的形式走进网络，也可以以分销的形式走进其他实体空间，可以拥有更多的希望。

除此以外，多年来对多种可能性的各种探索与尝试，也给1200BOOKSHOP带来了创造力与大胆的印象。

探索是不成熟的体现

与探索和尝试对应的是不断地开店，过去我们一直努力拓展书店的边界，希望可以找到能够持续发展的路子。而这也说明自身还不稳定，缺乏安全感，被动卷自己。除了图书、文创、咖啡这基础款的三件套，我们在书店做酒吧、自习室、深夜食堂、青年旅舍、Livehouse（现场）等，大部分业务的经济效应都表现平平，唯有青年旅舍业务发展指日可待。眼见着前景光明，忽然政策的力度不同了，曾经给的绿灯变红，被叫停。眼下则面临改造，绞尽脑汁想解决方案，不得不再次切换成"刘工"角色，砸砸拆拆修修补补。不停地调整让人消耗严重，当初的心气和冲劲几乎快被抽空，很多时候不得不开始怀疑做这些事情的正确性。

开一间青旅是我曾经的文艺梦想之一,可是梦想照进现实后,我发现自己已经不再是青旅的受众,我无法与住客产生共情,它也不能给我带来情绪价值,留下的唯有商业性了。于是,我逐渐失去了热情。能让我将青旅业务继续下去的重要原因是,我觉得开青旅会比开书店具有赢利的更多可能性。

对比其他业态,青年旅舍是个收获不错的探索,两年内1200BOOK&BED成为广州青旅的头部代表之一。住在书店的理念,使其获得大量的关注度,2022年以前,入住率可达到85%。这从商业模式上讲是行得通的,远比其他门店乐观。如今,这个业务受阻,是一件非常让人沮丧的事情。可我倒从一个角度给自己找到一点安慰,不给搞也罢,开青旅这件事我也并不喜欢了。

然而,这是一种麻木。当受挫成为一种习惯后,会对沮丧感到麻木;当用失去热情进行自我麻痹后,就会开始对痛感感到麻木。

我是真的失去热情了吗?

三十六度五的热情

2014年,在30岁的时候,我心怀极大热情创办了书店。那时候把自己喜欢的书放进去，把自己想要玩的活动办起来，按自己趣味陈列空间，只是为了讨自己欢心，就可以凝聚很多有相近"羽毛"的人。都说独立书店是主理人性情的外在折射，起初我深以为然。可随着时间的推移，我自身发生很多转变，由30岁到了40岁，我的喜好定然有所不同，可书店并不会，也不宜同步这种变化。

以十年前埋下的基因为底色，书店逐渐人格化，我希望它能够固化，可以一直是16至36岁的青年人喜好的品牌，它并不苛求得到少儿和中老年群体的垂青。而我已步入中年，严格意义上讲，我自身不再是1200BOOKSHOP的深度受众群，这就是我所陷入的困顿。

我的热情曾经如火如荼，几近沸腾，而今在这种境况下，热度不过三十六度五，非常普通。当热情靠不住时，靠的是成就和价值感，后者让我依旧身为书店主理人。我从书店获得的快乐越来越少，是成就感让我留下来。

少点书店，多点快乐

我们说到开书店是很多文艺青年心中的种子，多年来，无数心怀明月的青年把开一间书店当作自己的文艺梦想，但是我想，鲜有文艺青年把开十间书店当作自己的梦想。作为一个文艺青年的我，把书店开了十间后，发现它早就超越了文艺，成为一桩生意。而当文艺梦想不得不转向商业理想，很多事情都在开始发生改变。

实际上，关于商业，我并无远大理想。但为什么走上了这条路？很多时候可能只是顺势而为，在没有坚定未来方向的前提下，面对着大量的开店邀请，有着低租金或者补贴的诱饵，还有为了分担后端人工成本、为了把我收集的大量旧物品利用上、为了拥有一个惬意的庭院、为了有个办大型活动的空间，等等，这些都成为拓店的理由。

如果可以重新做一次选择，我将克制。此生能够拥有开书店的体验，对我而言是极其庆幸的，但是如果再有选择，我不会开那么多书店。

在拥有一间自给自足的理想型独立书店和商业性能并不成熟完善的连锁书店之间，我显然是倾向于选择前者，因为这样从中获取的乐趣会更多。

当我意识到这些之后，1200BOOKSHOP 的门店很可能会越来越少。当也不排除另外一种可能，让贤给在商业上的有志之士和有识之士。我旁观。

清，也轻。

西安·万邦书店

万邦书店

本文作者

魏红建，1963 年生人，住在西安。万邦书店创始人。读书、教书、卖书、出版书，一生都围绕着书。在西北大学读书，西北政法学院教书，还做了出版品牌"木光书坊"，策划出版"长安四旧""秦岭三书"等。

推荐书单

田余庆，《东晋门阀政治》，北京大学出版社 2012 年
钱穆，《中国历代政治得失》，海南出版社 2022 年
[汉] 司马迁，《点校本二十四史修订本：史记》，中华书局 2014 年
[美] 孔飞力，《叫魂：1768 年中国妖术大恐慌》，陈兼、刘昶译，生活·读书·新知三联书店 2014 年
[美] 贾雷德·戴蒙德，《枪炮、病菌与钢铁：人类社会的命运》，王道还、廖月娟译，中信出版社 2022 年
[古希腊] 柏拉图，《苏格拉底的申辩》，吴飞译，华夏出版社 2017 年
[英] 乔治·奥威尔，《动物农场》，荣如德译，上海译文出版社 2018 年
于右任，《标准草书》，上海人民美术出版社 2019 年
叶广芩，《老县城》，陕西人民出版社 2015 年
王明珂，《华夏边缘：历史记忆与族群认同》，上海人民出版社 2020 年

书店简介

创立于 2000 年，在西安、宝鸡、汉中留坝设有多家独立门店及多家公共阅读空间，目前发展会员二十余万人。我们始终致力于为读者找好书，为读者提供最好的阅读空间。在不断行进的路上，和读者一同发现并创造全新的阅读体验。

西安·万邦书店
那时的书店

魏红建

对书店的执念

做书店30年了,能活下来,还站着,不容易。

可能是对书店的执念让我走到今天,前几天,见到老六("读库"的张立宪),甚至称我是"活化石",于是瞬间"瓷"了。

当年一起的很多同行,或转型或离场,静水深流或潮起潮落,已经有了很多记录,而对自己的事情,写得实在不多。原因是,做企业就应该多做少说,毕竟路是走出来的,事是干出来的。

年轻时读书,读了《西绪弗斯的故事》,不理解为什么要"在山里滚石头",源动力在哪里?几十年后,再想自己这些年,就是这样的。

梁文道先生曾经在《开卷八分钟》里介绍华人"书女"钟芳玲的《书店风景》一书时说,如果一家书店能办成一个城市的地标,那真是非常威风的。

听得我有点受用,好像这么多年"在山里滚石头",滚出成就了。

钟芳玲《书店风景》初版于1999年,由三联书店出版。甫一面世就备受瞩目,尤其是书店界。我如获至宝,因为正是策划筹备新书店的时候。当时全国各地已经有了一些称为"地标"的书店,就想我的书店也显然应该是"地标",那本书就简直成了我做书店的指导,许多想法与设计都产生于其中。

书店开了,自然要表达敬意,于是请钟芳玲来做客。

她很挑剔,对作品的要求近乎严苛。"书店三部曲",即《书店风景》《书天堂》《书店传奇》,写了全世界最好的书店,一个封面印了数次,只是因为一个色块颜色不准。她装束很讲究,每次与读者见面前都会精心打扮。她喜欢戴帽子,据说,帽子是英国上层贵族女士必要的配饰。她爱逛书店,一两天时间,走遍西安大小书店,在旧书店里,钻进积满灰尘的旧书堆里淘书,毫不介意。

以书为媒

我对书店的理解,不应仅是卖场,更是以书为媒的交流的场所，就像要"在山里滚石头"一样，滚出不一样的石头。

知道日本青年加藤嘉一，是从当年常读的《南方周末》还有杂志《看天下》里。他是专栏作家，常能看到他的文章，语言言简意赅，有见地。加藤嘉一个子高，眼睛大，清瘦。微博时代，他是大V，有很多年轻人和大学生粉丝。某次活动后的第二天上午，我早早来到书店，没想到他已在，说一早起床去跑步，从小寨十字到南门（永宁门），跑了十几分钟。之后才知道，他曾是长跑运动员，进过日本国家队。

还有台湾的诗人余光中。老先生来的时候已经80多岁了，和太太一起来，步履稳健，思路清晰。活动现场来了很多人，一百多平方米的场地挤满了人，有人提前请我帮"留座"，可是我自己都没有座。先生习惯把西安称作"长安"，但现在只能眷恋了，触目处都是高楼大厦。西风残照汉家陵阙的意象都没了。

长安叫了三千年，到了近代却改称西安了，所以国人的记忆里总惦记着长安，这也是一种向往。二十多年来，书店请来做活动的嘉宾很多，有海外华人、港台人士、黄全愈、林清玄、胡茵梦、刘墉、余光中、梁文道、马家辉、舒国治、钟芳玲、林青霞、徐小虎，等等，他们都说"长安"。

叶广芩是与我们书店往来最频繁交往最多的作家。

我很早就读过她的作品,《采桑子》《状元媒》《老县城》《青木川》等,作为粉丝读者专程拜访,请她到我们书店,没想到她竟来过,并写了文字:"……我得常去转转。文人逛书店,有一搭没一搭地闲转悠,很多时候不是为了买,是为了看,是为了那些书的气息。"

之后,不光为她在我们书店策划过各类活动,还参与再版了她的作品《老县城》等书。她有篇文章《关中大书房的故事》里面写道:"老县城是秦岭深处的一座古城,至今保留着原生态的面貌,并在那里举办了新书发布会,由此,老县城这个荒僻无人知晓的小村落,名声大振,游客如织……"

我们为她的新书《秦岭无闲草》策划的发布会选择了在佛坪县三官庙的自然保护区举行。深山老林里大熊猫活动的核心区,平时人极少,在翠竹和大树的环抱中,在绿草和野花的簇拥下,我们办新书发布。记得那天烟雨蒙蒙,下山时,有人看到不远处有大熊猫在竹林里甩开膀子,大快朵颐。

书店不选人

"文化人的后院,读书人的书房"是读者留言,现在是我们书店的标语。

书店不选人,就是为所有人服务的。这座城市里的各色人，作家、诗人、艺术家、教师、学生、儿童、公职人员，还有拾荒者，都可以是它的客人，也就是读者。

不同于当时的有些书店故意不设座位区的做法，我们书店更接近于一间读者的书房，在书店里的台阶或者楼梯阶，甚至席地，"鼓励"读者随意阅读，成为书店风景。

读者妙有，喜欢读书，常来书店，认识了很多人，一来二往，从私下一两人、三五人的阅读心得交流，到十几人、近百人的公开有组织的阅读分享会。

有读者留言：我儿子从小在这里读书，已经十几年了，现在已经长成了小伙子，这里留存了我们很多记忆。

本地诗人秦巴子，爱书，爱逛书店，他曾经和朋友说，他要么在家要么就在书店。在书店，他读书、交友、办新书发布会。对于我们书店，在《关中大书房的故事》这本书里，他说："一个城市里有很多书店，大的小的、综合的、专业的，但对读书人来说，感觉气味相投的也就这么一家。"去这样的书店，徜徉其间，看书读书，买书或者不买书，内心都有一种难以与外人道的美妙滋味，这滋味就是生命的享受，久而久之，这样的书店在这样的爱书人心中已经不仅是书店而是一个草木葱郁的公园，是一间与书中人品茗的茶楼，是同好者相约聚会的客厅，甚至就是读书人在家之外的另一个书房。

还有一个老妇人，70多岁，文弱淑雅。常到书店，每次都找李叔同（弘一法师）先生的书，我也是先生的粉丝，所以常常能第一时间搜罗出先生的作品，我也都会留着给她。一次问她为什么，她说是先生的亲戚。恍若隔世，联想到"长亭外，古道边"的民国女子，"芳草碧连天"，知性、干净、美好。那是2000年。

之后书店搬了家，向南5公里。当时的通信没现在这么方便，路途远了，想着她年长，怕是不能来了。再有先生的书，就疏忽了没留。可是，有一天早晨，初春下着小雨，书店刚开门，我看到她来了。老了许多。迎到店里，知道没有书，失望着蹒跚着走了。我看着她的背景，想，她不会再来了。

书店的气场

文化不是设计搭建出来的，是日积月累养出来的。书店是商业，但是它的文化属性决定了它不同于其他商业。它的销售方式是其气场决定的。书店的气场，是靠多年的积累养成的。

书店经常举办各种丰富多彩的文化活动，引来不同气质不同个性的活动嘉宾和读者；好的图书选品，自带气场；好书就能吸引来好读者。

同样重要的是我们的员工。有人曾把我们书店的员工称为"小蚂蚁"，勤劳辛苦、积福积德。

愿意和我们一起"在山里滚石头"的那些"小蚂蚁"，他们大多做不长久，有的能工作一年半载，有的是一年两年，也有个把月的，多是爱书店爱阅读，却因为辛苦且收入少，离开了。当然也有留下来的，干了多年最终成了书店符号。读书育人，书店也养人。

"小蚂蚁"陈，总是留着大辫子，总是在站台旁来回调整书籍，她会把书本放得错落有致，书与书之间都留有小小空隙。她说，要让书与书之间留有一点缝隙，是让书彼此之间有一个独立的空间。只要看到有读者翻书，她会立刻凑上去如数家珍；看到有读者抱了很多书，她便会停下整理着的书，急忙过去拿一个购物筐，再介绍新书。

"小蚂蚁"李是从读者到店员的。熟悉了书店的人、书店的书、书店的布局和氛围后，自荐来书店的。因为所学与书店氛围很契合，所以工作游刃有余，也乐在其中。

在《关中大书房的故事》一书中记录了"小蚂蚁"李的这样一段话，他说："8月的一天，我还是如以往般整理展台、书架。看到有读者在翻木心的书，见走过去，她便问我：'书店有郑念的书吗？'我猜测她要找郑念的《上海生死劫》，果不其然。可书店里没有这本书，她说以前看到那本书封面上郑念的照片，被她的气质深深吸引。所以想了解，在那动荡的年代里她是如何保持那样的优雅。可是书店没有这本书。我便告诉她，也可以看同类的，如章诒和的书。……近几日，她发来一条信息说，'You have chosen the best day in the world'。安静地看着书，日子总也美满。"

"小蚂蚁"西瓜太郎是一个留着西瓜太郎头的店员。有读者说，有一次自己在找乔治·奥威尔的《1984》和《动物农场》，遇到"小蚂蚁"西瓜太郎，后者便将他带到外国文学区，很利落地找到书，又递给他一本破旧的《类人孩》，还解释道："你不要看它旧，这可是最后一本，对照着读《动物农场》才好！"然后店员还跟他从陀思妥耶夫斯基侃到别尔加耶夫，从乔治·奥威尔侃到赫胥黎，从福科侃到拉康。

这样的故事，在当下的书店很少再有了。

"为什么要做书店？"这些年总有人问我。

我的出生地是西安南城根，文苑英华荟萃。向南300米是明城墙，向东300米是西安碑林，向西300米是关中书院。周边巷陌人家，深宅大院纵横排列，青砖碧瓦、红漆大门、黑漆老门，千年百年的大槐树、皂角树立在街头巷尾，历史人文气息厚重，但没有书读。

我出身普通人家，市井小民。没有外婆讲故事，没有安徒生和格林童话。对读书最早的印象是，老门楼高屋檐下，阳光耀眼，一群小朋友挤着围着一个大人看一本娃娃书（小人书），清楚地记得是《三国演义·三英战吕布》，当时我很猴急地想知道这个故事，想挤到前面看一眼那本书的样子。

巷子口有个小书摊，两分钱可以借一本书看，小人书，一个人看一本，不能蹭看。没有钱，却常常独自跑去，为的是远处看一眼。

小学毕业是 1976 年。之前从没出过远门，父母安排我出了最远的门，那是 50 公里外的姨妈家，蓝田县城。姨妈给了几毛钱，是我长大到那时得的最多的一笔钱，让我买吃的。我去了县新华书店，书架上书不多，只有"红宝书"、《雷锋日记》等，我买了鲁迅的《野草》和《朝花夕拾》，喜欢但看不懂。这可能是我第一次买书。

可能是小的时候没书读，长大了才会做书店。让想读书的人大方地读、自由地读。

杭 州 · 纯 真 年 代 书 吧

IN A CULTURAL HOUSE
純真年代 書吧

本文作者

盛厦,纯真年代书吧第二代主理人。

推荐书单

[美]海莲·汉芙,《查令十字街84号》,陈建铭译,译林出版社2016年
[美]伊迪丝·华顿,《纯真年代》,赵兴国、赵玲译,上海文艺出版社 2016年
杨绛,《干校六记》,生活·读书·新知三联书店2015年
徐晓,《半生为人》,中国文史出版社2016年
金庸,《射雕英雄传》,广州出版社2020年
[意大利]伊塔洛·卡尔维诺,《树上的男爵》,吴正仪译,译林出版社 2019年
毕飞宇,《推拿》,人民文学出版社2022年
北岛,《必有人重写爱情》,海南出版社2022年
钟求是,《地上的天空》,北京十月文艺出版社2023年
吴琦编,《把自己作为方法:与项飙谈话》,上海文艺出版社2020年

书店简介

创立于2000年,书店有两句口号"让阅读成为一种生活方式,让沙龙成为一种生活品质"。她的品质不仅在于她的文化活动和选书品位,还在于环境和提供的生活方式。书店曾获"杭州特色休闲示范点""浙江省实体书店示范店""浙江省最美书店"等荣誉。

杭州·纯真年代书吧
书吧是我的避难所

盛 厦

时间是过得快了些，转眼妈妈已经快 70 了，书吧也 24 岁了。墙上的老照片还没完全泛黄，但记忆好像有一些模糊了。回望一下，24 年前，在杭州城西的文三路上，突然一天挂出了一面旗幡，上书"纯真年代"几个字，这在整条以卫浴瓷砖为主的街上，显得格外出挑（当时的这条街附近有一个很大的装饰市场）。就是在这么一个意外的位置，我们最初的书吧开张了。那时谁能想到，这之后的 20 多年，书吧还将经历无数的意外，但我们都幸运地存活下来。以至于在多年后，我会跟妈妈开玩笑：我都很好奇，书吧怎么交付到我这第二代的。后来好多年都有人问起，为什么当时的书吧不开得离闹市区近一些，或者离浙江大学近一些。我想，大抵是因为妈妈当时大病初愈的身体，只能支持她从家走到这个地方。

1999 年的时候，她生了癌症，手术过后，紧接着是更漫长的化疗，自己觉得精力大不如前。不得已，她离开了钟爱的大学讲台,但却意外地把英文课堂里的"莎士比亚书店"搬到了现实中。那之后,杭州就出现了一个奇观,外地来杭开会的作家,会后都会相邀到访一个城西的小小店铺,那就是开在文三西路、丰潭路口的纯真年代书吧,充满复古艺术气息的店招有层次地挂下,铁艺和玻璃橱窗内陈列推荐书和黑胶唱片,那都是妈妈得意的设计。到达这里的人,或门口小坐或挑帘入内,整面的书墙,桌子上和书架上都摆满了书,墙上挂着那些我们从书本上认识的作家的照片。在吧台上点一杯喝的,轻轻的音乐声中,有复古的怀旧气息,大家都说这里是一个温暖而惬意的去处。

余华、阿来、法国作家图森都是那些年来到书吧的。难怪后来余华感叹:锦绣生病,生出一个书吧来。朱锦绣,就是她的名字,纯真年代书吧的创办人。书吧的前 12 年,是属于她的,我并不知道它过得好不好,当年的我,更多的是一个享用者,与大多数的书吧书友一样,如果不是妈妈写下了许多日记,我可能不知道一路上会有这么多的坎,不知道她是如此坚毅的性格。在她的书吧日记里有这么两段:

> 2003 年 5 月 12 日,昨天读报纸知道是母亲节,可我没有提起此事,一是没心情,二是没 MONEY(钱)。真的是 NO MONEY NO FUNNY(没钱没快乐)。又想着"非典"期间,书吧更是艰难,尽管对生死很达观的我心里也是怕怕的。不怕

自己怎么着，反正都死过一回的，就怕影响到儿子。如果现在真的谁会付给试验对象五十万元我都愿意。但书吧不可能不管，来了心里也真惶惶不可终日的，尤其是看到窗外亚洲城那幢房子门口守着两个人。窗都不敢开，生怕外面空气侵入。但还是下了决心开了窗。中饭本不想回家吃的，子潮电话来催，想想儿子难得在家，一家人吃饭有个气氛。

2006年世界杯，我提前做了大量的准备工作，想吸引更多的球迷光顾书吧，和我们共享世界杯的激情。子潮准备了很多关于足球知识的书本，摆满进门的书架。在书吧门外的人行道上挂满了吹气足球和宣传彩带，远远看去蔚为壮观。书吧门沿上挂了一条醒目的横幅：书吧也爱世界杯。当天来了两家电视台采访书吧，晚上新闻联播时会播出，我们静等着球迷们兴高采烈地上门来。可是，就在当晚，一辆大卡车停在书吧门口，卸下机器与帐篷，又开始修理永远完不了工的马路，把来往路人的视线遮挡得干干净净。满怀的希望又一次落空了。

接续生命的礼物

那些年，对于少年的我来说，书吧是一个乐园，是一个可以招呼同学一起写作业、做课题实践的地方；是一个每晚可以近距离接触小说家，听他们聊一些听不懂的构思和有趣的琐事的地方，有时他们为一点小事争得面红耳赤，第二天可能就被某人写进了素材；书吧也是我可以收到很多签名书（如金庸和余华的）跟同学炫耀的地方；也是我可以独自享用牛排大餐，可以一夏天疯狂玩网游的地方。这段时间，家里有这么一间书吧，是一件值得别人羡慕的事情。在那个时候，我也没有准备好为这间书吧付出什么，大学毕业面临工作还是继续考研时，妈妈问过：是否来书吧实践两年呢？当时我的回答是：我志趣不在此。谈话到此为止。

直至2013年，一道晴天霹雳后，我从证券公司辞职回到了这家书吧。这年，我失去了爸爸，妈妈失去了爱人，书吧的半边天塌了。在妈妈的视角里，会觉得我为了她和她的书吧辞去还不错的工作，做了一份原本不属于我的事业。也总听到身边的好友说，书吧的平台太矮，让盛厦趁着年轻做些大事情。她是有一些担心和愧疚的，直到两三年后，听爸爸的好友转述，我说已经挺喜欢经营书吧了，她悬着的心才终于放下。的确，在爸爸离开后，陪着妈妈一起做书吧是一种牵挂，挑下经营的大梁是一份责任。我荒废过时间，也沉迷过游戏，但躲避不了多久，悲伤还是会在心底浮起。如果不是这份牵挂加责任，我可能很难走过这段特别艰难的时候。

在我们家里，书吧也是家庭的一分子。爸妈戏称书吧是他们的女儿，关于这点我还一度有点嫉妒心，好像家里真的多了一个成员与我争宠。2012年，爸爸第一次手术成功后，也是书吧12周年的店庆日，我们举办了一场名为"生命的礼物"的朗读会，借了诗人胡澄的赠诗，妈妈在朗读册的封底写道：此生是前生的礼物，我是你的礼物，书吧是你我互赠的生命的礼物。

找到一个手势

那之后我才开始笨拙地学习，如何开一家店。开一家店原来有如此多的琐事！更何况我们书吧兼具了餐厅、咖啡厅、书店三种不同的形态。以前我还会总嫌弃我妈，做表格慢，"怎么一个工资表要做这么长时间啊"。等到自己接手，才知道没有专职的财务、人事，每个月的营业数据、采购、绩效等等就要一一核对，别提还要改进餐厅、挑书、策划文学活动、宣传等，每一项都排队出现在我的待办事项里。也就是在这些日子，我养成晚起晚睡的习惯，早上晚起一些就能逃避一会儿，晚一点再面对这些琐事，但无奈总是会被电话叫醒。晚上打烊后，面对不会再变长的待办事项，再一项一项画去，多少是有一些解脱感的。

2014年冬天，店里的生意非常惨淡，我就会一个人躲到外面去游荡，一来眼不见心不烦，二来也是一个难得的出门学习的机会。我承认，出门学习最开始就是一个借口，但所谓念念不忘必有回响，我脑子装满了有关书吧的方方面面，会学习人家的陈列和选品，会观察每家进门醒目位置的堆放，关注有多少比例的客人把注意力停留在上面，会看书架的倾斜角度和光源位置，就连上个公厕都会想到，书吧厕所今后使用卷纸必须装一卷备一卷。但倘若这时，手机里蹦出店里的来电号码，心就会突然被揪起来。是不是又有顾客纠纷了，会不会是哪里来检查了，不至于又停水停电了吧（那几年停水、停电的次数有点多）。倘若在下班时间，接到店员个人手机的来电，就更是要先经历一通心理建设，如果他说请假我能同意吗？她最近干得开心吗，不是要提离职吧？这种紧张感是什么时候消失的，不太记得了，1年后或者2年后，当我意识到已经能云淡风轻地面对各种烦琐时，我也已能正视爸爸去世这件事了。

之后的几年，是我和书吧最顺利的几年。在这些年里，我买了婚房，出了几次国，与相恋多年的女朋友结婚，并且在2018年9月，拥有了一家从设想、设计到装修都属于自己的书吧，就开在杭州东站以东的杨柳郡小区，也是我安家的地方。关于为什么在小区里开一家书吧，当时决定的过程非常草率，就听说小区里想要规划一个书店，想着不如由我来做。"在小区做书吧还是挺冒险的，但我愿意在这个小区做，是因为即使失败了，我也为邻居留下了一个好印象"，这是我常常对外的说辞。但现在想来其实这更是我的需要——在生活的小区里有一间书吧，当杨柳郡小区喊出"唯有生活最珍贵"的口号时，我已经被说服了大半。

在小区里有了一间书吧，让我与居住的环境有了更具体的联系。用项飙老师的话说，是获得了"重建附近"的能力。小时候，听说我的社交能力很强，被好多长辈们称呼公关先生，跟着爸爸外出采风、笔会，总是第一个能和周遭打成一片。家里又常常因为是一个"文学根据地"，每晚高朋满座，即便不融入其中，我也想往着客厅里的觥筹交错。可伴随着长大，老邻居一家又一家搬走，再没有嚎一下子"出来玩"，十个八个小孩跑下来的景象；亲戚们住得越来越分散，每年固定只有清明扫墓和小年聚会；毕业转校班里没有一个旧同学，骑车回家的路上经常落单；家门口小摊贩的叔叔阿姨也换了几茬，再没有买炸串可以多送或者赊账的福利……周围的熟悉变得陌生，我就不怎么喜欢往外跑了。我变得害羞、腼腆，不那么自信，也不自觉地回避与陌生人交流。游戏和书这样的虚拟也是更让我自在。但与此同时，我也仍想回到一个热络的邻里氛围，一个慢节奏的生活环境，一个想交流就交流、不想交流就轻松离开的空间。

书吧就是这样的一个地方，书吧是一个手势。20年前，妈妈在一篇介绍书吧的文章中写道："书吧是人们走近的最好方式。不管陌生的人在哪相遇，他们不会因一杯酒的香醇，一杯咖啡的浓烈，一杯茶的清雅而说长道短提起话头。但书本来就是人们的谈资。对生活，对人生，人们各自有各自的理解与方式；对有关生活、人生的书本，谁都可以发表自己的意见，都可以仁者见仁智者见智，不管是共鸣也好，争执也好，都是一种思想的开放，心灵的交流。因了某一个共同的话题，人们就会话遇知己千言万语都嫌少。因了书，书可以是人们走近的最好方式，这就是书吧存在的理由。"杭州话里常讲"没手势"，形象生动地把两手空荡荡的样子，拓展为人们的无措状态。书吧给予不知所措的我一个支点，可以应对某些内心虚无、尴尬的时刻。与人的交往、与周围的连接，都在这里自如生长。

推开门就走进了桃花源

初中时，书吧是我炫耀的工具，2001 年我有幸得到了金庸的题签，逢人便说。往后一点，书吧变成一个社交的手势。2012 年 10 月，杭州再次举办西湖烟花大会，为了这个久违的节日，许多人为了占得一个地利不惜提前一天占座。交通限流，交管部门早早拉起了警戒线，而书吧的邀请函，成为突破重重封锁的最佳凭证，靠了宝石山书吧独特的地理位置，拍了无数朋友的马屁，其中也就包括我现在的妻子和她的闺蜜。再后来，书吧成为我生活里的大部分。以前我不无嘲笑地说过我妈，说她生在书吧里，长在书吧上。几乎从她开始做书吧起，她的那些美味妈妈菜就停在记忆里了，我们的家庭旅行也中断了。但如今这个症状渐渐在我身上显现。由于书吧离家太近，经常上一刻还在家里洗碗，下一刻就踩着平衡车溜达到了书吧里。在离开学校后，遇到很多真心朋友，也都与书吧有关。

比如，永远说自己不成熟的戈多。看他给自己取的花名，就知道是一标准文艺青年。有一年"世界读书日"请他荐书，需要介绍一个身份，他说就"一个不成熟的人"吧。他所发起的小径花园读书会，取名自博尔赫斯的小说《小径分叉的花园》，社群名字也充满了隐喻。他是我们杨柳郡书吧的第一位社群合伙人，也是在他之后，我才逐渐想明白，一间留在小区里的书吧应该具体做些什么，才能影响更多的人。2020年3月的一个下午，他走进了书吧，由于是刚恢复营业，店里进出的客人本就寥寥，我很快就注意到了这个新面孔。在他简单地介绍自己刚搬来小区，想要做一个每次必须读完书才能参加的读书会后，我很佩服他的勇气，当即也决定了要支持他这个反常规的设想。从此后，杨柳郡书吧二楼的一角，每两周的周日下午到晚上都会成为他们读书会的据点。在读书会四周年的年会上，没错，他们还有年会，他说，每次推开读书会的门，就像走出了生活，走进了桃花源。听得我也不自禁地得意起来。没错，物质社会，幸好还有人仍向往这么一个桃花源般的纯真年代，有幸一路同行。

书店痴钟芳玲，《书店风景》的作者，就像大家说的，我们都欠星爷一张电影票，我们书吧也一直都欠着钟芳玲的咨询费。在国内咖啡馆才悄悄兴起，更不知独立书店为何物的世纪之交，1999年，钟芳玲在国内出版了《书店风景》。里面所描绘的各种国外地标书店、主题书店的文字和照片，成为我们2000年、2009年两次装修的重要参考资料。令我意想不到的是，2017年的一个巧合，让我和这位书本里的老师一同从武汉出发，开启了一场书店之旅。她说逛书店是一个上瘾的行为，她的足迹已经踏进过全球上千家书店。当时我还不以为意，没想到时隔数年，在如今杨柳郡的书吧里，已经摆上了我从全国十几个城市三十多家书店带回来的纪念品——他们书店的购书袋。钟芳玲老师对我们纯真年代特别的偏爱，来过书吧以后，在许多分享的场合她都以书吧举例，引得好多的书店人到了杭州，都想来看一看老师口中的小书店——纯真年代书吧。

还有仗义的方文山。许多在书吧里遇见他的朋友们都说，这是他们离周杰伦最近的一次。我也一样。2015至2016年，在先后策划了诗人洛夫的品读会和设计了诗人郑愁予的诗歌明信片后，书吧在台湾的诗歌圈都有了不小的名气。2018年在台湾诗人颜艾琳的牵线下，有幸参与方老师的歌词明信片首发策划。这天，在去见方老师的路上，我提前做了好多心理建设，其一是激动，其二是听过不少明星的传闻——身边的助理个个"凶神恶煞"的。然而，那是一次很愉快的会面，在满足了现场所有的合影和签名要求后，方老师立马进入工作状态，开始了解书吧第二场活动的安排，并且对于我们没有推敲到的细节，很友好地提出了建议。

此后，我又跟方老师有了多次的交流，他邀请我和妈妈去西塘看汉服周，在滨江的艺术馆参与他的潮玩发布，2019年在听说我妻子抢不到周杰伦演唱会门票懊恼不已时，竟然赠了两张VIP门票给我俩，激动得我妻子认定这是我开书吧以来最值得她骄傲的一刻。2021年年底，在我们杨柳郡店接近关门结业的时候，他的那场"文化的仪式感和认同感"的讲座，是艰难时刻送来的一剂强心针。有人形容方老师是穿牛仔裤的夫子，我觉得还可以加上戴鸭舌帽的侠士。

……

写到此刻，还有许许多多的面孔，许许多多的时刻，都一一浮现。还想起大侠金庸，金庸是对我有独特意义的作家，除了他的武侠小说和电视剧陪伴了我的少年，《射雕英雄传》也是爸爸第一本挑给我读的小说。而认识金庸——这位大众意义上的名人，也极大地满足了我少年的虚荣心。2024年是金庸先生的百年诞辰，作为一个书店主理人，我想最好的回报就是让更多的读者重读他的作品。经过两个月的筹备，我陆续策划了3场他的纪念活动，从3月10日起，邀请超级金庸迷、自由撰稿人"张公子"张佳玮讲金庸小说，邀请杭州"琴宗邦"乐队举办金庸武侠剧音乐会，3月17日还邀请参与金庸旧居修复工作的应忠良先生、金庸关门弟子卢敦基、金庸任浙大人文学院院长时的助手何春晖、金庸的忘年交好友杨芳菲，追忆金庸生平和重返故土的感人故事。精心的准备让活动场场爆满。尤其是 10 日这天晚上，几位颇具侠气的大叔唱起"爱江山更爱美人，哪个英雄好汉宁愿孤单……"时，很多双眼睛湿润了。这很"纯真年代"!

虽然接班 10 年，特别是经历近些年的困顿，我成功把自己变成了"负翁"，但从心里我是安定而满足的。我享受了书吧的滋养，同时还善待了好多的作者和顾客。有人说，真正的生活，就是在理想与可能两者之间不断地妥协。谁说不是呢？但只要生活还有妥协的余地，就让理想多一些吧。毛姆说："阅读，是一座随身携带的避难所。"时至如今，对于走进走出这间书吧的人们来说，我还是不能确定，他们如何定义，读到了些什么，有没有在这里找到过心灵的安然与治愈。对于我来说，纯真年代书吧也还是一个乐园，一个避难所，付房租、水电费的时候除外。

苏州·慢书房

本文作者

鹿茸哥（许涛），慢书房主理人。

推荐书单

李冬君，《走进宋画：10—13世纪的中国文艺复兴》，北京时代华文出版社2023年

许纪霖，《家国天下：现代中国的个人，国家与世界认同》，上海人民出版社2017年

[美]威尔·杜兰特，《哲学的故事》，蒋剑峰、张程程译，新星出版社2013年

蒋廷黻，《中国近代史》，中华书局2016年

费孝通，《乡土中国》，作家出版社2019年

李一冰，《苏东坡新传》，四川人民出版社2020年

刘亮程，《一个人的村庄》，译林出版社2022年

梁遇春，《梁遇春散文：天真与经验》，浙江文艺出版社2015年

史铁生，《我与地坛》，人民文学出版社2011年

余华，《活着》，北京十月文艺出版社2017年

书店简介

创立于2012年，坐落在苏州古城深处的闹市巷中。城市太快，阅读本是寻常事，繁华静处遇知音，慢下读书生活，就是慢书房。每年举办130多场线上线下沙龙的慢书房，荣获"江苏省十大最美书店""苏州市优秀实体书店""全国书店二十佳"等荣誉。

苏州·慢书房

如果没有开书店，或许我会过得更自在

鹿茸哥

一位多年不见的老书友遇见我，惊讶又惋惜地说："多年不见，你真的是从意气风发的少年变成两鬓白发的中年啊。"

我看似不在乎，这话却真往心里去。"没有白发的书店老板就不是真正书店人。"虽然我不失幽默地回应，可是心里会想：如果没有开书店，或许我会过得更自在吧。

如果没有开书店，我就不用每周做沙龙，搞直播，一本书接着一本书推介，公众号一年 365 天从不休息。

如果没有开书店，我就不用那么忧愁，担心这个月卖书又不挣钱了，担心仓库又屯了新书没卖完，担心明晚的沙龙会不会人少啊。

如果没有开书店，我才不关心谁家直播书又破价了，更不会在意怎么网络才卖五折，怎么给我进货价是六折呢，每天操心这种细微的事，就是根根白发的原因。

如果没有开书店，当我想要体验实体书店的时候，我就去大书店走走，比如苏州的诚品书店，或是到极其老的书店逛逛，如快100岁的书店老人江澄波先生的文学山房。喜欢读书为何一定要拥有一家书店？文艺青年自寻烦恼、自讨苦吃的事，还是要人间清醒，少做为妙。

我真是这么想的，而且越来越强烈，只是从未有回头路，放弃又万般不舍。所以，书店路越走越深，知而难返。

事到如今，我依然劝你不要做书店

十年前，小书店虽不易，但面对的只是三大电商。那时一本新书出来，编辑带着作者一个一个城市做沙龙，书店老板认真接待、作家学者温暖分享、读者书友沉浸倾听，书价正好，原价签售常常排长队。书店那些年可以安然度过，70%的收入都是来自周末沙龙。现在开书店，在传统电商和直播电商的双重"关怀"下，活得那叫一个惊心动魄。

这些年，你在微信群里、朋友圈里随便遇见个行业内的人，只要聊起书店应该怎么活，一定会告诉你说：搞直播，做短视频！这几乎成为行业的共识。一本新书出来，可以选择推广的载体很多，找博主写推荐笔记，找主播录制视频，上直播直接卖书。当然，也会找书店主沟通。但不得不说，在经营需要回报的体系里，谁都希望花同样时间可以得到更多效益。若我在出版社，面对着指标压力，哪里能卖书我就找谁。于是，卖书不快不多、屯书又弱的小书店，很难拿到好的资源。我经常遇见一些书进货到店，就发现电商价格更便宜的情况。然后郁闷地问编辑朋友，他们深感抱歉。一般会有两种答复：一个是渠道那边他没有办法控制，二是电商自己打折，要求改价但对方更强势。这种事最后只是不了了之，我还会开始同情编辑朋友，理由有两个：第一，每一本书都是他的心血，卖低了他心里"难受"；第二，书店老板常常都是他心中尊敬的朋友，忽悠了朋友于心不忍。在书店的江湖里，我结识了很多帮我在电商平台找更低价进货渠道的编辑。我真心感谢他们，而后也深刻明白一个道理：个体在庞大的运行体系里，往往都是无能为力的，有时收到他们的一份真诚，就是人间珍贵。所以，后来即便再遇见折扣倒挂问题，我也不去埋怨，而是想办法创造新价值，让书依然可以卖出去，尽管这操作起来很费脑细胞。还有一件事，事关书店的骨气，那就是书不打折。在 2020 年前，我们一直都是这么坚持的。这两年跟随线上电商和直播，折扣已经成为书店线上平台的常态，随之而来的影响是，书价也普遍提高了。我常常不忍心让支持书店的读者原价买书，但又不得不为行业的定价考量。最后想来想去，只能尽可能处理好实体店与线上书店选品的区别，不断寻找特别版（签名、毛边、上款等），让书价不打折，或打折少。

回想当年，开书店的念想很单纯

为什么要开书店？理所当然是因为情怀，感觉天下书店人都有一种奇妙的心理情感促使他们在广阔的世界里去做了这件事。然而，情怀是什么？单纯的热爱吗？还是一种被美化的心理缺陷？总之这世上没有无缘无故的情怀，正如不会有无缘无故的爱与恨一样。

几个在生活中起起伏伏，兜兜转转的人，看见一些事，有一些感悟，感觉人生不能只是如此，只在某一个瞬间，在脑海里飘过一丝念想：做了自己喜欢的空间给自己，有没有人来，自己享用就好了。它是一个空间，一个暂时安顿心灵的空间，暂时休憩的空间，如果开出来，运转三年都非常糟糕，那就关掉它，就当为自己心中的梦，燃烧过一回，实践过一回。于是，我们用25万元的启动资金，花了四个多月在苏州最繁华的观前街小巷子里找到一家小商铺。这商铺之前是做瓷器的，是一个台湾房东。市口不好，每天就开一两个小时。我们租下来，只做了一个吧台，买了一些桌椅器具，21天后，开业了。

开业那天，正是淘宝的第一个双十一，当天全网都在热炒淘宝数字庞大的销售金额，而一家在市中心的小小独立书店开启了它的未知之路。那一天,房东也来了,他逛了一圈,感慨说:"你们让我的铺子有了第二次生命。"如今想来,我们好想跟他说:"书店,让我活出第二种生活可能。"可惜房东再也无法听到了。

到今天为止,我们从未追加过投资,25万开出一家书店,也成为慢书房历史中的一项令人惊讶的纪录。实现一个梦想,并不需要昂贵的数字,真正昂贵的,是为之付出的时间与心血。开书店容易守书店难,彼时,岂会知道等待我们的未来,会有直播带货,会有特殊的几年,会有如此让书店艰难生存的大环境。

书店让我看见这个世界的善意

在这些年里,书店仿佛是一股力量,不断推着我们前进,并让我们不断看见这个世界的善意。

有一个女孩经常来看书,她喜欢看张德芬老师《遇见未知的自己》系列。不知不觉,那段时间,她竟然把几本书都看完了。有一天,一位老爷爷送来一株很大很大的木香,硬说是送我们的。后来这位读书的姑娘出现了,她说喜欢的书店里,一定要有一棵开白色小花的植物,明天她就要回老家了,谢谢书店让她看了那么久的书。

这棵木香,至今种在我们另一个空间的院子里,每次花开的时候,我都回想起那个场景。

书店有一位退休的孙老师,80多岁了。他早年留学英国,教师退学后一直在书店办英语读书会。每周二晚上来,风雨无阻六年多,无论来几个人,他都带着书友一起读名著,一本书从头到尾地读。孙老师有次很不好意思地说:"给你们添麻烦了,我这个糟老头子,一直打扰你们书店。"其实,我们想对他说:"我希望你活到100岁,一直都在我们书店办英语沙龙。"

后来孙老师好几周不出现,我们得知他生了一场大病。再见面时,他正在康复期。他说:"我要尽快好起来,回到书店办读书会。"他确实回来了,气色渐渐好,好像读书会就是他最好的药。不过很可惜,不久之后他就离开了我们。这是书店认识的朋友里,第一个离开我们的人。在孙老师生命的最后时光里,慢书房一定是他的美好记忆,温暖着他的心。每当想到这里,我的心也暖暖的。

书店衍生出一个可以住的空间,是专门给嘉宾住的。在这个地方的隔壁有一个老奶奶。她一个人住,是苏州人,普通话基本不会说,我们都是靠猜测她的意思。每隔一段时间,老奶奶都会送吃的来,有时候是茶叶蛋,有时候是水果,有时候是饼干。她大概的意思都是说,牙不好,不能吃,给我们不浪费。我时常看见她坐在巷子尽头打盹儿,有时候手扶着墙,微微探看巷子的那一方,像是在等待。就这样,三年,我们时常接受着"礼物"。前几天,我们的店长和另外一位 90 岁的老奶奶聊天,才知道老奶奶去年年底去世了。

书店就是这样一个地方,当我们传递温暖美好的时候,那温暖和美好也走向我们。尽管那些未必是看得见的金钱,却有着比金钱还要珍贵的情感。而我们也在这样的收获中,更期待传递给走进书店的每个人。送花的女孩,办读书会的孙老师,送我们吃的的阿婆,从某种意义上说,他们,也是书店的主人。

书店让我懂得的道理

渐渐地,我们开始发现,其实书店在默默教会我们很多道理。

他告诉我们,在大家都爱谈利益的时候,把重点弄错了。利益利益,不是只谈利,也不是先谈利。关键是后面那个益字。我们相信,无论是一个人,还是一家书店,让它可以呈现出足够的益时,才能也才可能收获"利"。

从书店开到现在,书店做了 1500 多场沙龙。没有一次是收费的,甚至连消费和买书都没有强制。有朋友总是建议,至少参加沙龙的人要买一本或是一杯茶饮吧。然而,在我们看来,并不愿意设置更多条件和门槛。一个人愿意走进书店并且愿意坐下来听一场沙龙,本身就需要很大的决心，是的，我用"决心"这两个字。如今大家都太忙了，就是因为持续不断的沙龙，让慢书房成为国内小型独立书店中，沙龙最密集的一家，也让它尽管空间很小却依然被大家喜爱。沙龙是书店的益，而因为沙龙得到的名气、肯定、赞赏，就是书店的利。

我们的台湾房东五年前去世了，她的女儿继承了产业。书店的收入是付不起昂贵的房租的。我们见过太多的书店"死于"房租太贵。新房东接手之后，也来过苏州两次，参观过我们书店。在第三个合同期的时候，她微信跟我们说，新合同年限，你自己看，签多久都行，就是还有一个要求，不涨房租。大家真的没有听错，可以随便签多久，不涨房租。于是，我们鼓起勇气，签了10年。所以，未来10年，大家依然可以在苏州古城巷子的深处，看见那家亮着黄灯的明亮的小书店。

这是书店告诉我们的利益观，也深深地印在我的生活中。书店也告诉我，有很多东西是我们不能要的。不少人都喜欢研究书店模式，而且很爱谈"跨界"两个字。什么是跨界？就是以书为媒介，做非书的事。比如卖很多文创，做很多吃的，卖衣服，做餐厅，等等。因为他们无比坚信，做书一定赚不了钱，必须跨界，用新的业态来养活书店。从生存的角度来说，无可厚非，毕竟活下去是根本。然而，之于我们，无论是活着艰辛，还是活得不是自己爱的样子，都没有必要苟活着。要不活得从容且走心，要不就死得干脆又刚烈。我们不要精致拉花的咖啡，不要美轮美奂的空间，不要琳琅满目的文创，不要远离书籍的业态，除了书和以书为核心的衍生服务，其他都不要。只有如此，才会逼着我们的团队去思考，如何让阅读更深，更有运转的可能性，而不是去想卖点什么书以外的东西更赚钱。我们不想做大，不想做连锁、不想复制，坚持认为一家书店必须是目之所及都能看见，主人时常就在店里，几年不变的店员可以找到想要的书。书友和书店之间，不只因为书维系，更是那浓郁的情谊，让人与店交融在一起。

这是书店告诉我们应对世界的心灵状态。不要什么都要，不要急着都要。看清自己的内心，在一个领域里做得更深，而不是让自己无法应对。

书店还告诉我们，所谓长情，是你爱上我爱的我。总有人问，书店是怎么选书的。我们的答案是，选我们自己喜欢的书。不一定畅销的就一定可以进来，我们不太喜欢的作者，也许一本书都没有。明知道卖不了的书，只要是我们认为的经典，就一定会有。最早书店的书只有2000本，而现在已经有了10000多本。我们尽可能遴选，保证是我们过目的书。正是因为带着强烈私人品位的选书，让喜欢书店的人，会保持长久的喜欢。喜欢一家书店，理论上就是选择和一个人做朋友，我们不迎合，更不刻意，我们用书呈现我们的兴趣爱好还有性格。爱我者，长久相随，不爱我者，从此相忘。这种心态，也反映在我们的微信平台，尽管每天都在增长粉丝，但每天依然还有几十个取关。我想，取关也不是坏事，取关越多，留下的纯度就越高。永远不要害怕"取关""不爱""离去"，这些统统都预兆了，你离真爱越来越近，你的真爱越来越纯。

2023年，书店净利润三万六千元。我挺高兴的，至少不亏。我们也知道，如果一年只休息五天，每个周末都加班，每周都要做2场到3场的活动，还每天都要更新自媒体文章，如果用这样的强度去做任何一件事，恐怕收获的利益都会比这个要多很多吧。

但有些事，不能只用实际的数字来定论。如果非要如此，那一年可以听作者、学者们的120场精彩的沙龙值多少钱？当你在工作上很困闷，躲进书店就能慰藉你，让你第二天可以有更好的心情上班，这要多少钱？在书籍的世界里，发现世界如此宽阔、美妙，在书店认识的朋友，给你带来心灵安慰，这要多少钱？

倘若这个世界全部都是用数字来定论的，那人生将是多么枯燥啊。

书店让我懂得的道理

此时，如果诸君问，那当今的时代，小书店如何才可以活得更好？以我之经验，恐怕没有救店良方，但慢书房之所以可以活到第11年还略有盈余，是有几个心得体会的。

书是永远的主角。这句话的意思是，无论何时、无论如何跨界，书品是书店核心。一个书店的书品就是书店老板的内心世界。只有让读者对书店的书品有兴趣、有信心，才有更多可能。这就要求书店的经营者首先是一个有"书感"的人，还必须是一个爱读书的人。因为书店作为一种天然就让人亲近的业态，太容易被作为场景跨界，也非常容易以它为话题吸引关注、获得支持。但凡在书店业里摸爬滚打过的人，大抵明白我说的意思。就当我认知不高且极其武断吧，我还是要在此下一个结论：一个只想当网红的书店，不是好书店；一个书品堪忧的书店，绝对是一个糟糕的书店。

读者是永远的朋友。当朋友就是要慢慢处的，不是一锤子买卖。网络不发达的时候，我们谈"客户汇"，后来大家喜欢谈"客户池"，现在谈最多的估计是"私域流量"。名字怎么更新，但本质上都是基于对客户的关注。如果身边有 1000 个读者总是买了又买，那书店老板真要乐坏了。耕耘读者，就是了解他们的阅读口味，选对味的好书，他可能不是专程来买书，但经过书店一定要来看看你，说几句话，甚至坐地铁逛大街，在路上碰见也会有一种毫无压力的亲切……我的师兄，器曰书坊的周小舟说，互联网时代的每一个昵称背后，对有些人来说只是一个数据，但对我们来说，是一个个有名字、有温度、有性格的朋友。听他讲完这句话，我的心百感交集，差点热泪盈眶。

所有的"产品"必须有内在联系。用现在时尚的表达叫"故事线"。无论是服务，还是文创产品，又或是引入产品，一定要注意彼此之间的联系。比如市面上文创很多，但早期真正在书店有比较多陈列的，只有笔记本和书袋，再多一点的就是自制的帆布包。为什么速度那么慢产品那么少？这考虑的也是阅读的关联度。读书要写笔记，装书要袋子，出门要背包，包里放书。如果不是近几年"慢师傅"的IP形象被很多人喜欢，可能我们跨界的文创还会很少。慢书房的研发速度和经营的保守性或许没有更多参考性，然而对强调内在联系的坚持，还是值得再揣摩揣摩。

对于新媒体，可以去拥抱，但不要被绑架。我一直觉得一个人能在社交媒体出名，一部分出于勤奋，另一部分是天赋。勤奋是努力、坚持、不怕失败，天赋是他/她在镜头前就是那么有表现力。勤奋我们还有机会，但天赋真的是老天爷给的特别福利。公众号的时代，我们尚且可以躲在背后写文章，可短视频时代逼着我们抛头露面，且不论拍摄剪辑加脚本的功夫，只这在镜头前的镇静自若地表达，就让多少书店老板望而却步。于慢书房而言，我们应对的态度是，拥抱它们，慢慢呈现。忽然哪天爆了，欢喜，但心态是不温不火。把书品做好，读者服务好，内在的产品建构好，也不会让一家书店活得过于寒酸。以上四点是这些年我们的小心得，未必适合每家书店，但其间之真切感受，都是基于书店实践，也是能让慢书房"苟活于世"的生存良方。

再谈一个人为什么要开书店

为什么要开书店？11年之后，再回答这个话题，有了新变化。往大了说，那是读书人的理想与情怀。每当说起这两点，总能让人的眼里闪闪发光。往小了说，这不过是想给自己找一个安心处。在书店里，世界再乱，与我无关。我只和书，只与花，只在书店的院子里，陪着一口水缸，水缸里有一朵睡莲，和一面小小的天空。这样的时刻我最安心。这两年，我比过去的七八年都忙。忙什么呢？忙着直播，一周好几次，和全国各地的作家学者聊天；忙着找书，因为打折太厉害，我只好去寻找各种签名版特别版，导致仓库积压不少书；忙着对接，因为很多资源方都在联系，探讨是不是可以一起做更多事；忙着打包，因为线上的订单多了，人手不够，我常常一个人在公司的仓库打包……说出来挺不好意思的，圈里不少朋友说，你怎么可以把时间用来打包快递呢！难怪书店做不大啊！原来老板没有时间思考战略。我听了，笑了，心里有一点点苦，但很快就淡了。是啊，现在的慢书房，成了"忙"书房，以后或许还会成为"茫"书房。我喜欢从前的样子，可是真的回不去了。我必须选择放弃一些什么，于是这样安慰自己：如果有一天，我如此忙碌，忙着直播、忙着整合、忙着开会、忙着安排……忙到最后我都没有时间在院子里的水缸边看书，我和书店之间已经越来越远，那慢书房对我也没有意义了。

唯一期盼的是，无论处于何种时刻，能常问自己，初心之思，是否还在。若在，珍惜之；若不在，却必须为生存而去做，那就好好爱惜自己。在我们的生命历程中，存在着或者存在过被我们挚爱的书店，人生值得。

上海 · 半层书店

本文作者

赵琦,书籍设计师、作者、半层书店主理人。

推荐书单

[法]西蒙娜·德·波伏瓦,《第二性:合卷本》,郑克鲁译,上海译文出版社 2014 年
[古希腊]柏拉图,《斐洞篇》,王太庆译,商务印书馆 2013 年
[美]艾里希·弗洛姆,《爱的艺术》,李健鸣译,上海译文出版社 2008 年
[英]德斯蒙德·莫利斯,《裸猿》,何道宽译,复旦大学出版社 2010 年
[美]罗伯·赖特,《神的演化:西方三大一神教的起源、冲突与未来》,(台湾)大家出版社 2017 年
拱玉书译注,《吉尔伽美什史诗》,商务印书馆 2021 年
Elisabeth Bishop, *Elisabeth Bishop: Poems, Prose and Letters*, Library of America 2008
Jeanette Winterson, *Oranges Are Not The Only Fruit*, Vintage 1985
[日]川端康成,《古都》,叶渭渠、唐月梅译,南海出版公司 2014 年
迟子建,《额尔古纳河右岸》,人民文学出版社 2019 年

书店简介

创立于 2015 年,一家没有 slogan 的独立书店。欢迎来访。

上海·半层书店
一个书店人的观察和碎碎念

赵琦

消亡中的独立书店

每隔两三个月,就会出现这样一位可能一两年甚至几年没来过的书友,在半层门口略张望几秒,推开门半探个身子进来,幽幽来上一句:"你们还在啊?"

海伦路沿街老屋拆了,兰葳里和瑞康里先后动迁,曾经烟火气浓郁的哈尔滨路如今冷落如清秋。九年前半层刚来时街上那飘散着的油墩子和咸鱼的杂味也早就消散了——那些气味构成了我当年想在这里开书店的嗅觉基础。周边曾经颇有一些规模的文创一条街,目前只剩下孤零零的半层,依然和九年前一样,原色花纹钢板门面让人很容易就走过错过了。

有人曾经问我,如果半层要关店,会以什么样的方式发出通告?我想了想说,应该和 2015 年半层开店的时候一样,按部就班准备完毕,就开门迎客(关门大吉)了。但之前可能会有个会员大酬宾,家里放不下也不想放这么多书。人们总是很煽情地去悼念一家一家关闭的独立书店，不谈其中隔靴搔痒的自作多情，在我看来，书店的关闭就跟人的生老病死一样，是一件很自然的事情，到时候该走了就走了。真正珍贵的东西已经内化在了身体和精神里，书店本身不是我的执念。

要抱怨各种外部环境对独立书店生存空间的挤压，理由不胜枚举。但实际上，是世界慢慢地不需要独立书店了，就像世界慢慢地不需要菜场了一样。更准确地说，这个世界对独立书店的需求程度，已经递减到无法维持独立书店的正常生存了。我常常觉得世界疯了，却又被迫自省：我是因还是果。大家众口一致地抱怨附近的菜场越来越少了，却也心照不宣地投向了电商的怀抱。大家众口一致要保卫独立书店，却把书店当成了选书的展厅，转手就在电商下单。在移动互联网全面接管人们生活的现状下，卖书的确还不如卖菜有竞争优势，在菜场你至少还可以亲手挑选一株更青翠碧绿的上海青；基于标准化的生产流程，书店架上认真挑选出来的书和网上卖的没有区别。

我理解逛店不买、手机下单的读者们，理由也很简单，凭什么要让人在品质完全一致的商品面前，买贵不买廉？但我得替独立书店吆喝，换个视角看问题吧。当我们从整个城市空间的丰富度和人性化的角度去考虑问题，在书店买书的另一个目的，是购买一个自己想要保持的生活方式——走几步路就有公园、菜场、书店——

这样的城市已经完全没有吸引力了吗？消费者买的不是书，而是未来还有书店可逛的城市生活。人们可以无奈地说城市的面貌是由来自外部的种种力量大刀阔斧地决定的，然而请不要妄自菲薄到忘记：个体的每一个行动也正在形塑城市的面貌，个体的每一次绥靖也正在反噬自己的生存空间。

以上听上去有发牢骚的嫌疑，说真的我也不指望每个人都能不顾眼前利益追求长远福祉——哪怕是我，书店人，也经常为了便利在网上买书。只是我从来不在实体店选书然后到网上下单，因为这不符合一个书店人的购书道德观，我不愿意白嫖别人的劳动成果。换个浪漫点的说法，在实体书店看上了书，是实体书店提供给我的一份意外的邂逅，如果我决定为了这份浪漫花点钱，怎么也得支付给供应商吧，凭什么要让不相干的网店"第三者"插足？我听过最感人的回答是，某读者在半层找一本不太好找且我们也脱销了的书，我老老实实告知哪家网店好像还有库存，对方看着我的眼睛坚毅地说："我只喜欢在书店买书。"——天哪，还是你最浪漫！

阅读正在重新变为一种特权

在纸成为书的载体之前，书是绝对的奢侈品。亚述巴尼拔图书馆的泥板只属于亚述巴尼拔，亚历山大图书馆的莎草纸卷轴只属于托勒密，郭店楚墓的竹简只属于贵族墓主人，欧洲中世纪修道院图书馆的羊皮纸抄本只属于修士。尽管造纸术很快从中国开始向外传播，纸书也出现在世界各地，纸书阅读在很长一段时间内依然是一种奢侈的权力，权力阶层和知识阶层一度是重合的，普通民众识字率很低，和书自然无缘。

中产阶级的出现和壮大，使得纸书开始大量地在约翰内斯·古登堡发明的活字印刷机上生产，纸书的读者从神职人员、贵族、学者扩大到新兴中产，并最终作为一种由本尼迪克特·安德森命名的"印刷资本主义"的商品走入千家万户。

纸书的普及和电视机的普及没本质区别，都是由资本主义生产方式所推动的一个现象和一种结果，但显然，这种商品和其他任何一种商品都不一样。当阅读的特权被打破，人们看到了一种巨大的可能性：任何人都有机会沿着纸书的阶梯去攀登知识的高峰，从而改变自己的命运。

记得十几岁的时候，城里开了第一家大型购物超市，我和母亲去逛的时候，竟然发现二楼有一个区域是专门卖书的，书像其他商品一样陈列在货架上，等着被消费者拿到购物篮里，篮子里可能还放着一块五花肉和一瓶老抽。不好意思我老是不自觉要提及菜篮子是因为爱做饭。现在想起来，我很喜欢那种感觉，我一直不觉得书店和书是什么神圣和特别的东西，书就应该唾手可得，阅读就应该和买菜一样没有任何门槛。上纲上线一下，我大概是在怀念书能给人带来巨大可能性的那个时代，希望书唾手可得，是因为我希望机会能够很平等地出现在每个人的身边。

我不只读纸书，也在电子屏幕上看书，选择不同介质的原因通常是场合：在家看纸书，路上用"微信阅读"，偶尔有需要还得在网站上找书看。个人感受是，电子屏幕可弃，但纸书不可。纸书阅读的特殊性是——它需要精神的高度集中——仿佛只要一个不留神，白纸上的黑字就无法连成句了并带着它们特有的意思进入我的脑袋。这种精神高度集中的阅读方式，让我成为时间和自己的主人。此外，我还特别迷恋脚注、尾注，这些东西都正儿八经地被编排到某个书页里，而不是像电子书那样仅提供一个链接。它们带着我从一本书去另一本书，永无止境地进行一场无限的求知游戏。阅读是一种精神自我的生产活动，它不提供答案，它给人制造很多很多的困惑，但是，人就是在对困惑的求索中去理解和体验人生的——如果你选择的是潜入而非浮游的方式。

我为什么说阅读正在重新变为一种特权呢？客观上，"可以"把时间用于阅读"无用"之书的人，正在变得越来越少。有无数的事儿来争夺这一天的 24 小时，人们在这些事情里扮演着各种角色，叫作"自己"的那个角色却越来越模糊。于是，阅读正在重新成为有闲阶层的专属特权，而当普通人都慢慢失去了阅读习惯，知识阶层将重新与权力阶层重合。

主观上，"只想"把时间用于阅读"无用"之书的人，正在变得越来越少。当读书改变命运的信仰不复存在，当阅读能带来的现实利益消失殆尽——阅读的物质生产能力没了——人们似乎也并不想要通过阅读来进行精神自我的生产了。前文中我提到书可以提供机会平等，这里进阶一下，机会平等不仅限于对世俗名利价值的追求，还有一种平等机会叫作——以自己独特的方式去度过只属于自己的一生。即便读书无用（物质生活意义上的用处），阅读的精神自我生产潜能永远是存在的。这里存在一类不一样的"特权"读者，这些读者可能没什么社会地位，也没什么钱，但是不影响其借助阅读来成为时间和自己的主人——当然，阅读不是唯一的方式，阅读只是一条捷径。这种类型的"特权"在现实中常常并不是只属于某个人，而是属于选择阅读的所有人，读书无用不能够剥夺通过阅读进行精神自我生产的权利，不能剥夺人们主宰自己生命的权利。阅读没有给我带来大富大贵，家母自从我投身书店行业之后一直都明确地把我划分到"无业游民"之列，但我总还是学会了"理解你的想法，继续做我自己"。

然而，一旦书的普及性和易得性消失，这种人人都有机会享有的"特权"，也将跟随着一同消失。如果世界彻底抛弃了纸书和书店，纯粹依靠电子阅读，我不能想象"书"还能存在多久。毕竟我在 3.5 寸软盘里保存的东西已经无法打开,而当下常用的固态硬盘的寿命只有5到10年,电子资料的灰飞烟灭是很容易的事情,而我们现在到博物馆还能看到几百年甚至上千年前的纸书。不要小看薄薄一张脆弱的白纸,当它承载了黑字,生命力可以变得很强大。

书店人的碎碎念

借由本文的约稿,我梳理了一下自己和"书"之间的故事,试图强行找找有没有什么类似珍妮特·温特森在单人床垫下每层正好放77本标准尺寸平装书的精彩片段。然而很遗憾,搜肠刮肚也没找出什么特别的料。无非就是打着手电在被窝里看书导致了近视、逃课逛书店之类的每个人都干过的事儿,味同嚼蜡,只好通通删除。现实生活大概就是这样的,提纯的愿望很美好,但免不了还是得面对其实充满杂碎和杂质的尴尬。不勉强成体系了,碎碎念几句——

阅读是危险的。一方面,阅读可以提供自由,亦可以建造围栏。举例而言,当我们通过书来到一个全新的领域,基本上就是一场大冒险,一片空白的阅读伊始,很少有人能带着批判思维去面对自己手头这本不知道是因为什么样的机缘巧合而接触到的书。但是,关于这个领域的基础认知,大概率就由这本书奠定了,如果不继续深入阅读,这本书就变成了读者在这个领域的桎梏。

所谓活到老学到老，不是什么高标准严要求，只是保持开放性、避免坐井观天的一种措施。

另一方面，阅读可以强化个人品性中的优点，亦可以放大缺点。不难发现，很多读书人，甚至读了很多很多书的人，依然闭塞、狭隘、脆弱，书变成了一种自鸣得意的依托。阅读作为一种二手经验提取的方式，和一手的实际生活并不能直接勾连，读得不好甚至会形成阻碍。每一个自我，是在真实生活的每一次选择和行动中形成的，阅读只能强化人自圆其说的能力，并不能够赋予人以独立的人格和对自尊的坚决保有。书是一座空中楼阁，习惯了俯视会形成颈椎问题，标本皆难治。拿书来装饰自己和拿爱马仕的包来装饰自己其实是一样的，都属于真实自我恐惧症。

书最大的价值是被阅读和被怀疑。老实说我很怕成为读了一大堆书，生活依旧一团糟的人。为了避免尴尬我不藏书，家里的书架只放了数量很有限的我会反复看的书——万一我的生活哪天一团糟了，好歹不用看着一墙满当当的书架，觉得过于讽刺。我也并不很爱惜书（这里指大批量生产的那类），我觉得读者可以用任何方式阅读一本书，可以画、可以折、可以撕，可以像查尔斯·达尔文那样把笨重的书一劈为二方便阅读，重要的不是保持它的完璧无瑕，而是判断它的是非功过，汲取它所能提供的精神养料；甚至可以扔，毕竟大多数书并不值得一读，承载人类思想干货精华的好书数量并不多，大部分都只是重复书写，是马塞尔·杜尚口中的"填充物"。

某种程度上，阅读虽然是一条捷径，但千万不要把书当成能打开所有门的万能钥匙，很多门都装了密码锁。可能有一扇门通往了你想去的一个人的内心深处，你站在门口尝试各种输入，最后开门的密码很意外的是你的生日——打开它需要的不是知识，只是一颗能体察到"爱"的心。忽然又浪漫了起来，大概阅读还有点作用的，此处需要插入一个流汗的表情包。

最后说说又幸福又虐的书店人真实体感。有一种幸福让我一直觉得匪夷所思：任何一点努力都能被读者看到。新上架了书，读者说更新快，旧书好多卖不掉，读者说有沉淀；搞点活动，读者说很丰富，不搞活动，读者说很安静——谁能体会这种怎么做都对的感觉？半层只是尽力去维持一个底线，读者却总是给我们那么多正向的反馈，想到这份宽容的背后是一份珍惜，还是让人有点心动。我开书店只是因为自己想做，也不想跟任何人过多解释，这个过程中有时会给别人的生命带去一点助益的东西，自然而然的结果让我觉得还挺高兴的。

虐的事儿有很多，但只能披露一个"次虐"的现实：不论怎么认真选书，最后都是在替别人卖书。卖国产书，"某当""某猫"的零售价格比出版社给半层的批发价格还白菜；卖进口书，读者培养起来了，进口商直接从批发转零售。

保持平常心吧,毕竟独立书店被消费者抛弃,在各项可能发生的原因里是让我最能接受的一种。半层可以关,书与我永相伴,这还不够就贪心了。

这篇文章断断续续又写又改,我试图一点一点挤掉里面的水分,最后可能变成了一块压缩饼干,不拒绝者欢迎品尝。而能看到这里,你也已经被迫吃掉了,喝点水吧。

上 海 · 乐 开 书 店

本文作者

蜗牛,乐开书店店主。热衷发现和推荐容易被忽视的好书,并为它们举办主题展览和活动。还常常去各地摆书摊,曾开一辆书车行走中国(书车故事被收录至纪录片《但是还有书籍》),希望让好书与更多人不期而遇!

推荐书单

吴琦,《全球真实故事集》,上海文艺出版社 2021 年
[意] 伊塔洛·卡尔维诺,《树上的男爵》,吴正仪译,译林出版社 2012 年
张道一,《美哉汉字》,上海故事会文化传媒有限公司 2012 年
[日] 藤本理,《梦晕》,烨伊译,新星出版社 2021 年
宋群,《城市街道与市民记忆》,陕西师范大学出版社 2023 年
[美] 米切尔·邓奈尔,《人行道王国》,马景超等译,华东师范大学出版社 2019 年
[葡] 费尔南多·佩索阿,《惶然录》,韩少功译,上海文艺出版社 2019 年
[法] 卡特琳·默里斯,《我的辽阔天地》,张迵译,四川美术出版社 2022 年
顾桃,《敖鲁古雅·敖鲁古雅》,北京联合出版公司 2022 年
[捷克] 博胡米尔·赫拉巴尔,《过于喧嚣的孤独》,杨乐云译,北京十月文艺出版社 2017 年

书店简介

创立于 2011 年,是一家不为自己设限的书店,提倡"以书为礼,最好的礼物",十余年以来一直围绕书籍和阅读探索更多可能性。

上海·乐开书店

多条腿走路的乐开，
磕磕碰碰走过了 12 年

蜗 牛

2011 年，想要开一家书店的我，起初是有些犹豫的，因为当年有一家知名连锁书店倒闭了，实体书店行业的艰难一下子被抛到大众面前，包括从未有过开书店和创业经验的我。所幸的是，当时因为对书店行业了解甚少，特意去阅读了一些讲述书店故事的书籍，书中的许多书店令我印象深刻。虽然每家书店都不是一帆风顺，但一个又一个坚韧生存着的书店让我下定了决心，一头扎进书店行业，再也走不出，至今已经 12 年。

收到《独立书店生存报告》的书稿邀约时，我脑子里迅速过了一遍是否有可以分享的内容。开书店后的日子里，中间历经的波折虽接连不断，所幸逐一破解依然幸存下来。每一家独立书店会有自己的风格，拥有自己的生存之道，回顾乐开渡过的一个又一个难关，我发现所赖以生存的关键之处或许是，多条腿走路更稳健。

作为一家书店，我认为非常重要的是选书，但更重要的，是需要想办法让这些精心选择的书籍引起更多人的阅读欲望，以免在书架上积灰。

毕竟，书就希望它被看！

乐开在 12 年里围绕书籍和阅读进行了许多探索和实践，曾经陆陆续续衍生出许多条"支撑腿"，随着时间的验证有些已经被淘汰，有些长期保留了下来，支撑着书店前行。

第一条腿：除了可以买书，还可以租书

我是一个"80 后"，小时候常常从书店租书看，那个时候租书是按照天来计算的，所以每次租回家之后就是赶紧抓住闲暇时间见缝插针地去看，为了尽早读完能继续换新的书。长大后，我并没有留意到从什么时候开始，身边的租书店几乎全部消失了，租书便被封存在了记忆里。直到 2011 年开书店前，我阅读书店的主题书时，在钟芳玲女士所著的《书店风景》中，读到法国巴黎莎士比亚书店的故事，第一任店主毕奇女士开的是一家可以买书也可以租书的书店，海明威、菲茨杰拉德、乔伊斯是书店常客，彼时穷困潦倒的海明威买不起书便常常去莎士比亚书店租书看。读到这里，我深受启发，在电商冲击越来越大的时代，或许曾经消失的租书能够与电商产生差异化，可以更好地支撑实体书店存活，并

且能同时实现我当时想要开一家书店勾起大众阅读欲望的初衷。于是，我开了一家可以买书也可以租书的乐开书店。

就像中国古语所说"书非借不能读也"，许多走进书店的人已经多年没有读书，但成为租书会员后重拾了阅读习惯，常有人告诉我发现读书是上瘾的，一年之内读了数十本书。在乐开书店刚开没多久的时候，有位年卡会员每次会为自己和正在读三年级的儿子各借一本书回去看，我印象深刻的是有次她为儿子借了一本我推荐的《战马》，她儿子读完特别喜爱，竟连续读了十几遍。再后来，孩子长大上中学后也开始为妈妈推荐书阅读，这位妈妈特意向我说感谢乐开书店让他们母子俩拥有了可以持续一辈子的阅读习惯。开书店的幸福感之一，便是可以亲耳听到读者对书店的认同和夸赞。因书而结的缘，也总是绵长动人。

乐开的租书服务还让我发现，在阅读之后想要推荐书的热情也容易在书店传开。在乐开书店的书架上贴满了会员归还借书时写下的阅读心得便签，常有顾客因此驻足书架前阅读这些便签，并在书架上寻觅这些书的所在之处。

随着电子书的普及，租书这条腿比刚开书店那几年走得慢了些，但依然是乐开书店不可或缺的一部分。每次搬家我们会结识一批在附近工作和居住的会员书友们，不亦乐乎。

第二条腿：乐开移动书摊

机缘巧合之下，在 2016 年路过上海新天地时，看到一个市集正在热闹地进行中，逛了一圈之后发现没有书摊，于是我就报名了后面一期的市集。正是这次摆书摊为我开启了新世界，站在摊位里接待随机路过的读者的我，有了另一种新的人生体验。在我看来，开书店会上瘾，摆书摊更是如此，我一发不可收拾地爱上了去各地摆书摊。每当许久没有外出摆摊时，便常常会在梦中让自己过把瘾。

有一个暑假，我还忍不住和家人一起开了辆书车去十几个城市边旅行边摆书摊，在地图上跑出来一朵祥云形状的路线。后来乐开书车故事被收录在纪录片《但是还有书籍》中。摆书摊可以突破实体书店的地域限制，邂逅更多爱书人，让精选的好书与更多人不期而遇，摆摊收入还可以补贴实体书店。虽然每次搬书和出摊都比在店内值班要辛苦上好几倍，虽然常常在摆摊结束后声音嘶哑，但于我而言，收获永远大于劳作带来的身体疲惫。

每到一处，书摊便会为许多路人带来惊喜。令我印象比较深刻的是有次在马路旁摆书摊，正好是父亲节前夕，一对年轻夫妻逛到书摊的时候，这位妻子便选了一本书送于身边的先生，同时还选了一本书送给家中的父亲，然后她开心地告诉我，没有想到就是吃完饭出门散个步，还能买到两份礼物，非常惊喜。是啊，无论是开实体书店还是摆书摊，都常常会发生这样美丽的邂逅，这也是电商无法企及的。

大家常说，现在热爱阅读的人越来越少了。在快节奏的当下，确实有许多人无法把时间留给阅读，但我觉得他们在内心依然是有着阅读诉求的，只是没遇到让他爱上阅读的契机。书摊常常会制造出这种契机，有次我们把书车停在白领上班的园区里，中午，白领外出吃饭看到书摊的时候会忍不住走过来看书、买书，有的人还会一口气选出一摞书抱在手中，然后继续选。希望将来有机会去更多城市，邂逅有趣的读者。

第三条腿："书+X"展览

我一直觉得阅读书籍可以让我们认知更多的世界。为了把耗费许多心力选出的好书推荐给更多人，我们常常使出浑身解数。"书+X"展览便是其中一种，这是我自定义的一个名字，就是在书店里围绕书去做主题展览。X可以是非书的一些补充内容，比如艺术品或者音频、视频资料，抑或其他印制输出的物料，主要希望进行一个更加丰富立体的呈现，从视觉和内容上，引起大众对展览主题书的阅读和购买兴趣。

2020年我们搬到现址文定路时，新店开幕展便做了秋山亮二摄影展暨童年主题展，当时展出了秋山亮二所拍摄的20世纪80年代小朋友的摄影作品，还在书店门口复现了书中那个年代的小人书摊,并且展陈了80年代老物件……希望大家通过观展,走近某个时代,在摄影集中欣赏那一代有着纯真笑容的小朋友,让摄影集不再只是摄影爱好者的专属。当时有蛮多人从或近或远的地方赶来观展,每每看到大家翻阅摄影集时脸上不由自主浮起的笑容,听到家长对小朋友说爸爸妈妈以前就是看这样的小人书的时候,即使并非每人都会买书,我们心里也是开心的。

最近几年,乐开书店举办最多的展览是与中国台湾的汉声出版社合作的,因为汉声是我最崇拜的出版社,是一家坚持出版中国传统文化的出版社,虽然已经有50多岁,却很少为人所知。为了让更多人认识这家极具匠心的出版社,乐开陆陆续续做了许多场展览,比如"《美哉汉字》民间美术字展览"中,我们在门口手绘的猜一猜美术字的活动很受欢迎,展览期间常会有不同年龄段的顾客站在门口猜上一猜,感受美术字的民间智慧。

是的,我们有时会为一本书举办一场一两个月的展览,只要我们觉得这本书值得被更多人阅读。比如,我们还曾为一本《人行道王国》策划举办展览,在我们的一生中有许多地方无法亲抵,有许多人我们无法接触,但书籍可以带着我们旅行。阅读完《人行道王国》后,我震撼于作者对纽约第六大道摆书摊的流浪汉们的细致观察和记录,于是忍不住为它举办了一场展览。在条件合适的情况下，我们还会把做过的展览带去其他城市空间巡展，"奇妙的童玩世界"展览就曾跟着乐开书店到过上海、无锡、武汉和南昌等城市。虽然每次策展和布展都会遇到新的挑战和困难，但我们乐此不疲，尤其是看到曾经在书架上被冷落的书在展览期间成了香饽饽，心里便会乐开了花。

第四条腿：线上书店

在我看来，互联网是一把双刃剑，电商对实体书店的冲击是显而易见的，但在无法改变时代发展步伐的情况下，我会把互联网作为一种辅助实体书店在当下更好地活下去的工具。线上书店突破了实体书店的地域局限，让其他城市的书友也可以便捷地买到乐开的书籍。尤其在天气极好和天气极差的时候（这两种时候店内顾客容易减少），以及大环境不好的时候，线上的销售也成为必要的补充。印象中，一位书店朋友曾说过，或许只有书籍才会令人俯下身来翻看，而对于我而言，确实只有书籍会让原本低调内敛的我为它去抛头露面，在线上做荐书视频和直播，这应该是12年前的我无法想象的事情。这样的事情虽然不常做，但在我觉得需要的时候，还是会去做的。

以上就是乐开书店目前的四条腿，因为我一直希望乐开是一家不为自己设限、可以自由生长的书店，所以在将来会不会衍生出新的更加稳健的支撑腿，就让我们一起期待吧！

但是，即使我们拥有许多条腿，如果离开支持乐开的书友们，便将寸步难行。

每个书店店主或许都曾被顾客问过"书店在靠什么存活，是靠情怀吗？"之类的问题。这个时候我会告诉他，靠情怀可能连一年甚至半年都无法存活，我们靠的就是书友们一笔又一笔或多或少的消费支持啊！靠的是大家对乐开选书的认同与喜欢。

"喜欢乐开书店的选品，每一本书都是通往不同世界的通道。"

"太感谢你们把书店开在我下班的路上了！"

"来到乐开书店就像泡在浴缸里一样舒服。"

"每一个角落都散发着细细碎碎的阅读光芒。我想这是真的阅读爱好者才能有的那种频率共振。希望这家宝藏书店一直都在，希望来这里的伙伴都能淘到心爱之书。"

"逛书店的我，就像一只找松露的猪，到处拱拱。"

……

乐开书店的书友们如是说。

最后特别想感谢 2011 年我读的《业余书店》中的一段话：

> 太理性了书店开不起来。
> 太感性了书店开不下去。
> 先感性后理性书店越开越违背自己初衷。
> 所以想开书店就赶紧开，根本不要想那么多。
> 开不下去了也不要勉强，也不要想那么多。
> 人生怎样都是一条路，
> 关键是如何生得有意义。

这段话会常常提醒我，在开书店的过程中，尽量在理性和感性之间取得平衡，以及要坚持开一家有意思和有意义的书店。

上海·犀牛书店

犀牛書店
Rhino Bookstore

本文作者

庄见果,原名庄建国,福建湄洲岛人,在上海一直从事书店行业。

推荐书单

卞之琳,《雕虫纪历》,人民文学出版社 1979 年
韦力、庆山,《古书之美》,新星出版社 2013 年
[明] 李日华,《味水轩日记》,浙江人民美术出版社 2018 年
孙犁,《书衣文录》,山东画报出版社 1998 年
[美] 惠特曼,《草叶集》,赵萝蕤译,重庆出版社 2007 年
[葡] 费尔南多·佩索阿,《惶然录》,韩少功译,上海文艺出版社 1995 年
[瑞士] 罗伯特·瓦尔泽,《散步》,范捷平译,上海译文出版社 2002 年
[俄] 陀思妥耶夫斯基著,《罪与罚》,冯岳麟译,上海译文出版社 1979 年
[俄] 曼德尔施塔姆著,《时代的喧嚣》,黄灿然等译,云南人民出版社 1998 年
[墨西哥] 胡安·鲁尔福,《佩德罗·巴拉莫》,屠孟超译,译林出版社 2007 年

书店简介

创立于 2007 年,几经辗转,现在苏州河畔,希望是一家干净明亮的旧书店。

上海·犀牛书店
痴心做梦的人正多

庄见果

莘庄的犀牛书店

2007年9月26日中午,我来到上海莘庄莘建东路168号,有人和我接头,带我上了一辆商务车,出发前往闸北。一个巨大的仓储式市场,放眼望去全是一块块码得整整齐齐的书,后来得知这里是上海沪太路新华书店图书批发销售中心,和文庙图书批发市场齐名,上海的书店都会来这两个地方进货。这是我第一次见到满坑满谷的书,尤其幸运的是我还可以放手去拿,凡看上的都可以带走。现在已经记不得当初选了些什么书,但是心情澎湃犹如水手跃入大海。

随车回到莘庄后,他们告诉我通过面试了,明天即可来书店上班。和我一同前往批销中心进货的是犀牛书店店主朱瑜和店长周晶珍。在书店里我又见到了另一位店长李卉,以及店员黄圣,我们站在路边握了握手,互说合作愉快。

莘庄时期的犀牛书店是在沿街的二楼，一半图书区，一半咖啡区，有一面干净明亮的玻璃墙，有宽敞朝南的大阳台。这样的风格放在当下，也一点都不过时。可惜那是2007年的莘庄，一个被称之为"睡城"的地方。书店又是在二楼，虽然有热心书友贡献了一句文案"逛书店是种向上的运动"，但总归是不接地气。

在经历了开业的短暂热闹后，书店的日常便是冷清，为了改善经营状况，书店招募了一位新店长洪斌晖，我们依托豆瓣网，组织了电影、音乐、诗歌、读书等主题的书友会，活动还算热闹，但也像是一个美丽的泡影。每周一两次的热闹并不能真正改变什么。

当现状无法改善的时候，事情就会往坏的方向发展，2008年夏天还没过去的时候，我们收到了店主朱瑜先生的告别信：

> 书店艰难是早有思想准备的，当初天真地计算第一年亏本，第二年保本，第三年赢利。实际情况则是过去的一年中，书店一直保持着月销售12000—15000元的水平，并且没有上升的迹象，而这点销售额的利润连人员工资都支付不了。亏钱当然不爽，另外一点不爽的是，经常看着空无一人的书店，这时候不禁要自问：大家需要这家名叫犀牛的书店吗？眼下，大家网上看书，网上买书，小书店经营的大环境就不好，而犀牛外加地理位置不好，经营者缺乏经验和精力，所以其关门大吉就更

加不奇怪了。

于是书店又迎来了生涯中的第二次高光时刻,人们从四处前来告别,大多数人报以惋惜,可是因为投资较大,不敢劝老板再继续下去,也有一些书友对老板说,你太大胆了,没经过我们的同意就想关掉书店,如果是因为投资太大而不得不关的话,那么我们也入股,大家一起砸钱,让书店继续活下去。

但书店终究没有活下去。对店主而言,开书店也许是圆了曾经的梦想,哪怕仅仅只有一年。于我而言,这一年的书店生活却是梦的开始。有大半年时间,我几乎每天都会去书店,休息天也不放过,哪怕无所事事,坐在那里,便会觉得心情愉悦。书店的关闭让我很惆怅,但也无能为力,这时候我才 18 岁,并不知道该做些什么。

开闭开诗歌书店

2009 年的初夏,一个下冰雹的日子,我和黄圣在上海南站见面。他是 2008 年年初从书店离职,去了云南、广东和北京。在到上海之前,他托我买了几张上海国际电影节的门票,我们一起看了一部关于陀思妥耶夫斯基的电影。

他说他搞到了一笔钱,这次来上海想开一家书店,已经安排朋友石头在北京开始搜集好版本的诗歌和小说。之前在犀牛书店，我们成立了一个"开闭开诗歌小组"，举办过几场诗歌活动。有一位伙伴叫高亮亮，是书店附近《闵行报》报社的记者。有了这个想法后，我们几个人常常聚在一起想办法。

当时黄圣有一个不靠谱的大学同学万小军，在娄山关路附近开了一家奶茶店，兼卖烤肠和手抓饼。也许是被灌了迷魂汤，黄圣用他搞来的那笔钱吃下了这家店，并幻想着靠卖奶茶和手抓饼赚到第一桶金后，再继续书店的事业。

结局当然是一场噩梦，一个月不到，这家小店就倒闭了。我们没有了收入，就去酒吧兼职卖门票。

有一位网名韩沙的哥们儿是在犀牛书店关闭时从北方跑来上海的，他宣称要接过火炬延续书店的生命，在得到朱瑜的授权后，开始使用犀牛书店的招牌四处奔走。他舌灿莲花，但是身无分文，有永动机一样的精力，却不能踏踏实实地做好一件事。以至于在那之后的一阵子里，犀牛书店这个曾经美好的存在被他的一顿操作之后变得"形迹可疑"。

有一天我们得到一个消息，大光明电影院历史长廊里的音像店在寻求合作，如果谁能在当天晚上八点前把书架和书搬到店里，谁就拥有和音像店合作开店的权利。

书我们有现成的,书架在家具店里等着我们去采购,但是我们没有钱。思索一番,我们向朱瑜打了求助电话,他同意借款,于是我和周晶珍从市区赶往春申路,和朱瑜打了借条,拿到了一把百元大钞,直奔漕溪路宜家。

我们在一天之内就开起了开闭开诗歌书店,宜家白色的书架、自己家里的藏书、文庙淘来的旧书以及石头从北京买到的书。还有一群热爱书店和诗歌的伙伴,五个合伙人:黄圣、高亮亮、张沁茹、周晶珍和我。

当天晚上我们在江阴路的明堂青年旅社天台上庆功,有一位已经忘记她名字的女孩也在场,这个合作的消息是她透露给我们的。那时她在韩沙身边帮忙,这个地方是他谈下来的,但他一直在开"空头支票",迟迟不能落实,音像店一怒之下才发出这道通牒。她眼见无望,又觉得机会错过可惜,才联系了我们。对此,韩沙一直耿耿于怀,但他面对我们这帮犀牛书店的嫡系,也是无可奈何。后来他也渐渐没有了踪影,只听说得了渐冻症后遇到了一位香港女友,结婚去了。

开闭开诗歌书店自2009年10月9日起在大光明电影院历史长廊营业,至2010年7月31日终止,为期九个月三周零一天。书店主要经营诗集和外国文学,兼卖一些民谣唱片,不定时举办诗歌研习会。那时候很多诗集都绝版了,曼德尔斯塔姆、佩索阿、博尔赫斯、策兰、布罗茨基、特朗斯特罗姆等诗人的中文译本的出版可能是在五年甚至十年前，我们只好四处寻找旧版本，于是书店里的旧书比新书还要多。

旧书之路

莘庄的犀牛书店经营的是新书，开闭开诗歌书店则以二手书为主。书店关闭后，淘旧书的习惯保留了下来，兴致也发生了变化。从最初的执意找寻某类书，转而被旧书本身所吸引，诸如书的版本、印刷、字体、纸张、装帧、藏书印、笔记，甚或是书里夹带的信笺。旧书不单纯是一本旧了的书，因为和人相伴，会沾上人的气息，而这气息是独一无二的幽微且真实的生命。

为了生计，2011年年中，我开始尝试上网卖书，每周去文庙书市进货，回家后整理拍照上传网店。生意一直未见起色，书倒是越积越多，好在家人虽有怨言，但没有反对过我。

2014年10月，常去的福建南路新文化旧书店的武卫东老师想招一名助手，帮忙打理书店的网店业务。他询问我是否有兴趣，我想自己一直做的是二手书，对更古旧的民国出版物和线装古籍一窍不通，到一家专业的古旧书店实习，应该会有所获，便欣然答应。

在新文化旧书店干了十个月，认识了许多旧书业的朋友，参与了上门收购旧书，也真正接触到了线装古籍，对版本知识有了一个粗浅的了解。每周除了去文庙书市，还开始去灵石路花鸟市场淘货，这里的旧书不多，但版本会更老旧。有时候哪怕没有买到东西，旁观学习别人买卖，也能长不少见识。

2015年8月，山东南路朱银根先生的厚省堂旧书店歇业，我和武卫东老师合伙，接手此地，开始尝试半独立经营自己的旧书店。又三个月，书友周大庆推荐了丽园路的一个门面，和莘庄犀牛一样，需要步行台阶到店，但胜在只有8级，且直面大路，房子朝北有一扇大大的玻璃窗，符合我心中一家干净明亮的书店应有的模样。我和书友沈琦华、张大飞决定合伙开店，因他二人另有工作，书店日常事务由我负责，我便提议沿用"犀牛书店"的名号。

至此，犀牛书店已经变成一家旧书店，同年12月，黄圣在绍兴路重开了"开闭开诗歌书店"。一切看起来特别美好。到如今的2024年，我们仍旧以各自的方式在上海经营着书店，这看似理所当然，但又很不可思议。

我曾经问过当年面试我和黄圣的店长周晶珍，是不是没有人来应聘，才选了我们两个人。她说其实求职的人有不少，但直觉让她更愿意选择我们，或许是我们在简介里都提到了诗歌。

丽园路的犀牛书店交通便利，且靠近文庙，又时逢微信公众号等自媒体的兴起,算是搭上了时代的便车,开始慢慢有了人气。但是好景不长,2016年10月,因为书店所在地房产属性的问题,书店面临搬迁。

搬迁并不是可怕的事情,我绝望的是自己经历过的几家书店,莘庄犀牛、开闭开诗歌书店、丽园路犀牛,没有一家书店能稳稳当当存活过一年时间。这简直像是一个魔咒,似乎是上天对我的一次次警告,算了吧,放弃吧,别痴心做梦开书店了。

幸运的是,开书店除了拥有很多书,也会收获很多朋友。这一次,朱瑜、滕熹、吴雨丝站出来帮我。

复兴坊工作室

我和朱瑜骑着共享单车沿苏州河寻找适合书店的门面,抄了很多物业的电话号码,都没有合适的房子。考虑到绍兴路附近聚集了诗集、明室、梅菲斯特、会饮等一众书店,我们便转向梧桐区寻找新址。那一阵子,上海的雨下得特别稠密和绵长。常常,我们一行人,打着伞,被中介领着,从黄浦跑到静安,又去了徐汇和卢湾(现属黄浦区)。

也有过很多让我们心动的地方,襄阳南路、长乐路、宝庆路还有香山路,我们甚至付下订金,准备租下愚园路的一间屋子。但临签约,房东又改变了主意。

后来，接触的第一位中介小徐向我们推荐了复兴坊。民国十七年（1928年）建，初名辣斐坊，后以在复兴中路改今名，史良、何香凝都曾在此居住。新式里弄，清水红砖，和一墙之隔的思南公馆完全不一样，充满生机，非常市井。

那里有一个小院子，一间小廊厅，一间大厅，层高3.4米，还有一个已经封闭的壁炉。木窗和木门上刷着红漆，略有斑驳。想象着在这样的老房子里翻书读书，应是人间一大乐事。于是2016年11月29日，我们租下了复兴坊的37号底楼。装修，搬书架，搬书，一本本擦干净，摆上书架。到次年4月1日，书店试运营，同时举办了"现世安好：邱丹丹画展"。

在复兴坊，书店终于打破了魔咒，存在了近四年。前两年来书店的客人不多，这里更像是工作室和会客厅，我们也把更多的精力放在了维护朋友圈和网店。2019年起，预约上门的书友开始多了起来，或许是因为网络自媒体的推荐。

2020年年初，环境发生了变化，我想书店有没有可能走出社区，开在大街上。有了这个念头后，骑车在路上便会开始留意空铺子，也专程去了心仪的几个街区溜达，但没有收获。因为不急迫，这事也就不了了之了。

直到5月的一天，乐开书店的店主蜗牛联系我，说苏州河边有幢楼想招商一家书店。听到这个消息时我有些蠢蠢欲动，看过招商书后更觉得地方很好。但是开书店也太难了吧，或许是这个畏难的心理，在和招商经理饶敏取得联系后，一直没有去实地勘察的勇气。半个月后，她又发来邀约，于是犀牛走向了苏州河。

河畔犀牛

现在是犀牛在苏州河的第四个年头了。我曾经在一次采访中吹嘘，犀牛书店立志每年搬一次家，体验不同的街区文化。倘若真有这样的机会，我可能也并不太愿意吧。

到达北苏州路1040号大楼后，发现2016年时和朱瑜一起来过此地，当时这里似乎尚未开放，我们还倾慕过旁边的四行天地。房子面朝苏州河，旧楼新生，让人心动，其实这世上适合开书店的房子太多了，唯一的问题是房租，书店可能承受吗？在和物业方极限拉扯近一个月后，7月2日，我们再一次来到苏州河，在准备签订合同前，我和吴雨丝透着玻璃门朝里望，窄小、空空荡荡的水泥房子的每一个角落似乎都标着价格，高昂的租金让人心生寒意。

旗靡辙乱，就去边上买了杯冰咖啡冷静，坐在街边长椅上重建内心秩序。回想起这些年的书店生活，其实本来无一物，也没有什么不可失去的，无非选择在哪里开着或者不开了。

我们还是决定去试一试，于是上楼签订合同，开始筹备新店事宜。因为物业方对新店入驻有一定要求，我们缺乏经验，书友石磊、梁敏、李雪峰、罗翔、周纯都给了很多建议和帮助，梁敏的朋友陈先生还无偿为书店绘制了设计图，解决了一大难题。

9月底，在多次蚂蚁搬家后，犀牛来到了苏州河。我们都忘记准备一个正式的开业时间，书店就顺其自然地开了下去。起初，我们想给书店留一些空白，有三个墙面都空着，想象着也许可以在书店里生长出别样的枝蔓。于是有了画家小苟策划的"心有灵犀"文学主题艺术画展，书友弓的手机摄影展"理想果"。

很遗憾，书店很快就被书全面侵占了。我们也没有能力和精力去做一些新的尝试，终日埋首书堆。

人和书的相遇

开书店其实是很简单的事情，把书买进来，再卖出去而已。各家书店的不同在于，选择什么书，以及怎么卖。

犀牛从最初的新书书店变成眼下的二手旧书店，自然是因为我们喜欢旧书。旧书的存量广袤，充满了偶然性。如果你抱着要找某本书的目的走进一家旧书店，大概率是会两手空空。毕竟这世上的书太多了，而书店又太小。

收购旧书最迷人的地方在于它的不确定性，一个电话打进来，就像拆开一个盲盒。

2016年有朋友介绍一位出版社编辑的后人，说老先生故去多年，一辈子的藏书无处安放，准备整体出售。我们准备了钱和打包物料，第二天临出发，接到电话说先不卖了，老先生的儿子想回国亲自整理后再作安排。于是等，一个月、三个月。一年后我偶然想起此事，再去联系，也无消息。

2023年2月，我接到一个电话，询问我是否还在开书店，我说是的，她说好几年前联系过我，现在她兄弟回来了。前后相隔七年，世事两茫茫。

又一次，我去浦东成山路收书，在整理估价时，书主陈先生谈起自己的一位大学同学，极其爱书，毕业后去了德国，在慕尼黑经营西洋珍本。这句话像一道闪电穿过我的身体。三个月前，就有一位在慕尼黑经营旧书店的陈先生把他暂存在上海姐姐家里的藏书悉数出售予书店。上海有很多人在德国慕尼黑，但经营书店又姓陈的只有一个人。

这种人和书和人的链接让我着迷。其实他们很长时间没有见面了，但是在某个时刻，他们都把自己的藏书出让给了犀牛。再想想，此刻在书店书架上站立的书的前主人，仅我所知的，便有好些是朋友，其中有些人甚至已经故去。但是他们的藏书还一起在书店里待着，或许在深夜无人时，它们还会在书架上跷着二郎腿，说起自己第一次、第二次被人买走时的情景，聊起它们的前主人聚在一起时是如何谈论它们的。

这样的相遇还有很多，有人在书店买到自己祖辈的初版著作；有人在书店偶遇失联多年的旧友；有人在书店看到收件人是自己十几年前的对门邻居的信札；有人在书店里看到一本书想起了一个人，于是决定再也不踏足这家书店；有人把书卖给书店后过几天又来买回去；有人知道自己心中有疾，但每次还是控制不住要从店里偷一本书，过几天后再偷偷放回来。

我也曾经偷过藏书家姜德明先生的一个句子：我的许多梦都留在古旧书中，而世上痴心做梦的人正多。

他的原文是这样写的："我的许多梦都留在书摊前。旧书摊的梦真的不去寻了吗？我也并不那么悲观。世上痴心做梦的人正多，旧籍也不会就此灭绝。我仍将寻寻觅觅，并为天下的同好们祝福。"

郑州·兆熹书店

兆熹書店
ZHAO XI BOOKS

本文作者

刘鹏阁，兆嘉书店创始人，英国华威大学管理学学士，河南龙湖里商业管理有限公司董事长、创始人。

推荐书单

[印度]克里希那穆提，《在关系中认识自我》，桑靖宇、程悦译，九州出版社 2014 年

[印度]克里希那穆提，《质疑克里希那穆提》，Sue 译，九州出版社 2017 年

[印度]克里希那穆提，《生命的完整》，桑靖宇、程悦译，九州出版社 2011 年

[印度]克里希那穆提，《狡猾的思想：痛苦和悲伤的生活终结》，张春城译，长江文艺出版社 2015 年

[印度]克里希那穆提，《一生的学习》，张南星译，深圳报业集团出版社 2010 年

[印度]克里希那穆提，《当教育成为束缚》，张婕译，上海社会科学院出版社 2017 年

[印度]克里希那穆提，《生即是死：活在每时每刻》，司哲译，中国友谊出版公司 2018 年

胡因梦，《生命的不可思议：胡因梦自传》，深圳报业集团出版社 2011 年

王学泰，《游民文化与中国社会》，广西师范大学出版社 2023 年

吕思勉，《中国通史》，群言出版社 2016 年

刀尔登，《不必读书目》，山西人民出版社 2012 年

徐则臣，《北上》，北京十月文艺出版社 2018 年

[美]简·谢伦·德哈特，《大法官金斯伯格》，董孟渝译，中信出版社 2023 年

书店简介

创立于 2019 年，兆嘉书店是一个集书籍、茶咖、美学生活、艺文活动、亲子阅读于一体的文化交流空间。秉承"开卷有益"的开放式阅读态度，以书为媒，把有趣的人、事、物连接起来。2023 年荣获"全民阅读最美书店"。

郑州·兆熹书店
每座城市都应该有一家好书店

刘鹏阁

说到兆熹书店,不得不提龙湖里

龙湖里,位于郑州市郑东新区九如路与龙湖中环南路交会处,北龙湖与 CBD 成熟区的交接之地,于 2018 年建成投入运营,承前启后地服务于郑东新区广大市民的日常品质生活。

北龙湖,以国家中部金融中枢为愿景,致力于打造集国际商务、文化教育、商业医疗于一体的高品质城市街区,将是郑州未来的金融、商务之心,最强劲的金融引擎和最优质的生活入口。

作为北龙湖首家入市的商业体,龙湖里以"不一样的面貌"点亮"中原最好的一块地方"。作为区域中心型商业体,龙湖里总建筑面积 4.6 万平方米,邀请国际顶级设计师从中原文化根脉出发,落成了具有东方简约特质的街区型商业风貌,将空间的文化感、建筑的艺术感与自然的亲切感融汇一体,也和北龙湖的整体规划与优质项目浑然交织。

至 2024 年春季，龙湖里在运营商户 60 余家，围绕片区市民的生活、文化、亲子与健康需求，涵盖地方美食、便利商超、文创书店、艺术展览等多种业态，尤其以占比 60% 以上的本地原创餐饮品牌，赢得了客户的口碑。

潮流、艺术、人文是龙湖里最独特的精神内涵，它不仅赋予生活形式，更融入郑东新区居民的日常。2016 年项目还在建设中时，我们团队就定了"龙湖里要做郑州的会客厅""书店就是龙湖里的文化会客厅"的愿景。在所有品牌门店还没落定时，我就在图纸上圈出了书店的位置——二楼最醒目核心的位置，这个位置层层可达，店店可触，我们期待她长成以后像龙湖里的心脏一样，源源不断为各店输送文化给养。

每座城市都应该有一家好书店

巴黎的莎士比亚，纽约的高谈书集，伦敦的查令十字街，东京的茑屋，台北的诚品，南京的先锋……曾走进的每间独立书店，都成为记忆中城市最鲜活的精神名片。

小时候，书店就是卖书、租书的地儿，书盈四壁琳琅满目，尤其是连载漫画和期刊杂志。后来它开始变了模样，各类教辅资料堆积如山，成了第二个学校。

再后来，电子阅读代替实体书籍，书店因为网购成了记忆，看似日落西山的书店却以一种"网红"的形态，再次被我们熟悉并重新依赖。

一开始，做书店只是我的个人情怀使然，因为从小喜欢阅读，喜欢去书店，我每到一个国家、一个城市，都会去它的书店看看。所以，我一定要在属于自己的小商业体里做一个书店。我觉得书店是一个能让人阅读，汲取灵感的地方，在那里你可以让灵魂得到休憩和舒展。龙湖里有了书店，也不再只是一个吃吃喝喝，逛逛买买的地方，书店赋予了它精神内核，在繁忙、欢愉、热闹以后，还有个可以安放灵魂的净悠之地。

2018年年初，虽然团队都没有做书店的经验，但我邀请我光顾了10年之久的一家郑州的独立书店主理人团队，想和他们一起打造这个书店。为了能开好书店，我提出的条件非常好——投资、装修、运营的费用全部由我们龙湖里承担，甚至店名品牌也可以用他们的，他们只需要带着团队直接开分店就行。因为，我实在太想让书店一开始就有个我喜欢的起点。可出于种种原因，对方婉拒了——一个刚刚开发的新区，入住率都还没过10%的片区，大家还是信心不足。后来我又找到了某知名出版品牌，想着这个品牌的书籍选品定位跟我们挺像的，但最后也被婉拒了——他们已经在我们附近选定位置了。

于是，向外求，不如向内求。

2018年4月，我送团队去日本学习，他们重点考察学习了茑屋书店。回来后，团队彻底讨论了我们设想的"书店的样子"，定下了经营理念、运营核心，然后就着手建造属于我们自己的书店——企业叫"兆熹实业"，我们就叫"兆熹书店"。

团队分工明确，我负责设计、VI（视觉识别）部分，闫娟（现在是我们龙湖里文教零售部的运营负责人）负责团队组建、资源对接、体系搭建、开店筹备。

我们要做的书店，首先在形象上一定得美观，始于颜值，终于品质。现在很少有人走进书店了，没有美好的店面形象，更将门可罗雀。从2014年拿地做龙湖里开始，我就在对接全国甚至全球我能力范围内最好的设计师资源了。最终，我选择了西涛设计工作室——连续3届获得INSIDE零售空间类别奖项。

终于，2019年3月1日，兆熹书店正式营业。

最终落成的书店空间，透明的玻璃窗将室外景色引入，以清晰简洁的白色为主调，桌椅、书架都是原木色的存在，点缀在角落里的绿植给细节增色不少。

没有过多的氛围装饰，宽敞通透，简约大气。读书和买书，是这里唯一的主题。

圆拱形门扇又将空间有序划分，综合图书区、亲子阅读区、水吧茶歇、文创生活区、活动分享区，看似独立却又紧密联系，实现交互无界。

兆熹书店是兼具精神性和烟火气的文化空间，顶着"郑州最美书店"的光环，也曾因此在小范围掀起阅读打卡的风潮。但我们深知，设计上的极尽美感只是形式，一家书店的灵魂核心还应该是"书籍"本身。

凝聚每一位普通读者的不凡智识

以创新的理念和优质内容引领阅读潮流，兆熹书店创立之初，首先将客群定位在了职业白领和企业精英，选择了以财经类图书见长的中信出版社为主要供货伙伴。

2019年3月开业，兆熹书店引入了第一批以经管类为主，涵盖社科文化、艺术生活、图文和少儿的图书书库。

在没有任何营销宣传的情况下，我们迎来了兆熹书店的第一批读者，虽然客流不大，但却让我们有时间和精力去和顾客一对一地交流，了解每一位普通读者的喜好，也将挑选的书籍讲解给读者听。

真诚的分享与畅聊，让我们逐渐交到不少朋友，同时也清晰了读者画像，年轻的亲子家庭、学者、政务工作者是主要客群，反映在同年的图书销售数据上，即少儿图书及社科类书目占据前列。

根据市场的数据反馈，第二年兆熹书店便重新调整了选书及陈列。凝聚每一位普通读者的不凡智识，主打年轻读者、亲子家庭、学者和设计师，书籍由店长带领选书团队（选书团队不仅有书店的小伙伴，我们整个龙湖里的爱书之人都会为书店做书单推荐）和所有到访者共同甄选，收纳着跨越时间与空间的智性启迪。内容涵盖人文、哲学、自然、经济、历史、社会、少儿，更不乏精美的绘本和摄影集，甚至有近2000种外文原版图书及杂志。

独特而多元的选书，共享优雅阅读盛宴

不盲从于畅销榜上的排名，更不会被所谓营销卖点左右，兆熹书店将书脊上方印着的"出版品牌"标志作为重要的参考。因为小小的logo背后凝集着无数图书出版人日复一日的努力和付出，从编辑到营销，从印制到发行，承载太多精神的星火和文化使命，成为你能安心翻开一本书的全部理由。

作为北龙湖优雅的社区书店，兆熹书店以开阔的视野与全球化的丰富资源，为热爱文学、艺术、建筑、设计和生活方式的读者们带来全新的阅读体验，创造了令人心动的精神之旅。在郑州，兆熹书店也是为数不多的经营进口书刊的书店，汇集了如Pavilion、

TASCHEN、Thames&Hudson、Laurence King、Rizzoli、PIE 等国际著名出版商，严选近 2000 种外文原版书籍、杂志，除了英语，也有日、韩、法、德等小语种刊物。

大部分原版图书都可拆封翻阅，用最接近作者的方式阅读，读者与作者也似乎在这样超越时空的阅读关系中，产生了某种思想激荡，创造了更加独特而深刻的阅读体验。书店的杂志区也是年轻读者的最爱，仿佛回到小时候社区附近有报刊亭的时光。

多域组合，开启 Book+ 空间

"书"传递的是文化和理念，"店"则是一种经商模式。书店除了卖书，还要卖书里面的内容。

在传统书店"提供优质阅读"的基础上，兆熹书店融入多样文创和东方茶饮、咖啡西点，十大主题的艺文活动串联举行，让这个空间不仅是零售的空间，也是志趣相投的灵魂相聚的空间。

在书籍环绕的空间里，你会看到文创品、音像制品、艺术品等衍生产品。它们的存在，如同一本书里有意思的注解或插图，让空间整体更加生动有个性，让读者在不经意间对书店产生好感。

2018 年，我们团队去了日本的茑屋书店考察学习，最大的感触就是，这哪里是一家书店，这是以书为媒，售卖美好生活方式的场所。每一个文创好物旁边都会有一些书籍的陈列，那就是好物的"出生地"。茑屋书店提倡的是：书店除了卖书，还要卖书里面的内容。

在 2019 年刚开业时，我们想根据书籍的分类陈列文创，每个书柜对应的展台都摆上相关文创，比如：经管类的书籍展台摆上精美的钢笔、本子、便利文件夹……KAWECO、OHTO、Ultrahard、Hightide 这些品牌也被优选出来；生活类的书籍旁边可以摆上杯具、茶器、园艺工具、精美有趣的调料瓶，甚至是多功能小煎锅，咖啡磨豆机的旁边摆上跟咖啡、下午茶相关的书籍……

我们试图联系了很多家文创厂商，但是对方的回应都是你们那个地方太偏了，入住率太低，对品牌的销量会有影响，除非我们按照要求现金采买一定数量才可以发货。当时我们团队沮丧极了，想着先把书籍陈列好再选品文创吧。

就在筹备开业的 2019 年年初，闫老师在门口摆放书籍，一位男士推门进入，主动说他是某商场的文具品牌"墨凝"，想能不能合作一些产品在书店售卖。

相互吸引法则就是：你是谁，就会遇见谁。

墨凝是我们团队前期做市场调研时大家都很喜欢的

品牌，经营的调性、选品、包装，都曾被团队夸赞和记忆。如今，创始人王老师竟然因为对龙湖里的好奇找到了即将开业的兆熹书店。于是乎，我们的第一家文创合作商诞生了！

2019年7月，我们跟墨凝一起联办了第一场《文创好物展》。这个时候，兆熹书店已经是大众点评"影音书籍"热门榜、好评榜双第一的书店，筑巢引凤，主动找过来的文创、文具、艺术品合作伙伴越来越多，书店的文创板块终于日渐丰满。

书店选择适合自己的文创，可以提高门店的整体品位、传播书店品牌和知名度、扩大书店的消费客群、丰富门店里的非书产品线。

书店人如何选择文创产品，关键是要明确书店定位，以什么样的客群为主，卖什么，怎么卖。对应到文具、文创的选品，我们要满足谁，满足哪一类客户的需求。确定了这些内容，才能确定我们要选什么，怎么选。根据这些年的经验，我们总结了一下挑选原则：

书籍中提到的好物，那些可以让生活更美好的物品，我们一定要尽力找到货源，并选取高品价优的品牌。选择顾客购买频次高，需求多的产品，以这些商品为主。选品要围绕顾客需求进行，大品牌选新品，小众品牌选精品。产品趋势走高，潜力足的采购选品要正向趋势选品，不能反向行为。节气产品提前推广，这是为了活跃用户，提前成交。

六年来，我们一方面长期与知名文创品牌合作；另一方面，主动挖掘具有本土文化特点的IP，进行从文化到产品的转化。

处在一成不变、循环往复的日常，人总会遇到想一起生活的器物，陪伴自己度过一段时光。这些器物，往往是生活中不可或缺的，为我们带来快乐的生活道具。而每一次对器物的选择，往往可以让我们透过它，发现和拥有隐藏在生活里的美。

丰富的艺文活动，让有趣的灵魂在这里链接

2020年，我们在不能相见的日子里组织了很多线上互动——读书分享、绘画0基础、摄影大赏、烹饪小课堂……那时大家天天念叨的就是"奔现"。我们就想，既然大家这么想相约见面一起读书、一起分享、一起"练功"，我们何不直接组织有趣的活动把大家聚在一起呢？

终于，在2020年8月，我们搭建了自己的文化活动体系，涵盖10个主题，涉及展览讲座、文化艺术、美学生活、阅读观影等方面。2021年至今，我们每年举办近500场的文化活动和展览，给大家带来好书、好物推荐的同时，也带来丰富的精神文化生活。书店与社会的脉动紧密结合，持续邀请文化创意界与学术界人士参与讲堂、展览、座谈等各项文化活动，更积极与国际友人、在地艺术家、出版界交流合作，持续探索独具人文创意且具执行绩效的经营策略。

我们以季度为单位，把未来一个季度的活动做好规划，以便提前招募参与者。招募通告多渠道进行，比如商场小程序、朋友圈、社群、店门口的广告板，等等。

我们一直致力于打造一个共创的书店，我们做她的50%，剩下的50%我们和书友们一起打造。在选书、选文创上，我们会有专门的"书友建议书单"登记表，活动组织上，我们也会倾听来自大家的反馈，如果是一件有趣有料的事情，那必须让它成为美好的生活日常！书友想一起看电影，我们就有了"兆熹观影"，书友想一起阅读，我们就有了成人版的"兆熹读书会"和少儿版的"兆熹故事会"……

公众和市场对艺术的热爱是一件好事情，但如何让青年文艺工作者可持续投入，艺术家、策展人、艺术赞助人、品牌文化塑造者、艺术平台等整个链条需要全面参与，我们的初心是力求搭建一个有广泛的媒体参与和艺术产业链参与的平台。我们举办好展览，发起共创艺术表演，让书店"是暴风来临时的避风港，是白日做梦的理想地，是躲避困难和危险的堡垒"。不论你出于怎样的原因来到这里，兆熹书店都愿意为你燃起书灯，释放生活的温情。

以终为始，美誉是我们持续精进的动力

2019年7月的一天，我在商场碰见一位客人找书店（那时候龙湖里的商户才十几家），我很好奇地问：您是通过什么渠道知道我们书店的呢？她赞叹地回答：我在大众点评上看到的，兆熹书店是好评榜第一名呢！

看着一条条书友们对我们的评价，内心很触动——都是懂我们的人：书籍选品不随大流座位多、就座不强制消费、沙发舒服、书籍可拆阅、丰富的活动让人生都饱满了……

书房里，让我们神往的有很多：窝在里面一下午不愿意出来的沙发、舒适度极佳的桌椅、桌上那盏温馨舒适的台灯，还有随时可以盘腿而坐的地板……

龙湖里的书店，就是郑州人的大书房。我们希望客人来了，随时随地有舒适的桌椅，有属于自己的角落，取本书静静看，或者与三五好友一边喝咖啡一边聊。在设计的时候，我们就向设计师强调了这点，随处可见的茶几和沙发，会给顾客带来一种舒适惬意的感觉。

2019年，"小红书"在我心中还是"商品种草"的平台，可没有想到，我们兆熹书店已经在小红书上悄然火了一把。那里聚集着一大批喜欢书店，喜欢文化和艺术的文青，他们还会将我们写成诗。

"小红书"上还聚集着一批摄影达人，他们拍出的兆熹书店自成一色，有自己的审美角度，有自己的感人细节。在其中，我们发现了一封写给"兆熹书店"的信。那是一封感谢信，写给2021年的我们。

那年夏天，7月20日，一场特大暴雨改变了郑州下半年的经济脉络，影响了很多家庭和企业。那天，雨从早上一直下，到下午两点多开始倾盆而注，到了晚上，雨还没有停的意思，很多客人被滞留在商场。我们龙湖里自发组织了附近有家不能归的人们的临时留宿处，书店也是留宿人最多的场所，我们提供茶水、简餐、靠枕、盖毯，尽己所能照顾好大家。

当我看到这封信时候，郑州已经灾后修复，读者说经常来书店看书学习，因为暑假自己家里有点小事故要装修，自己成了"有家不能回"的人，所以，每天都在书店度过。7月水灾，8月疫情，让她在最无助无奈的时候，书籍给困顿的她灵感，沙发给了疲惫的她安心，自助茶水让她不会难为情，插座让她的工作能够正常进行……

我们的经营密码就是：发自内心的真诚。当真正做到利他，消费者是能够感受到的，之所以说书友们的评价让我们自己也感动，就是因为我们在评论里看到了"懂我"。

2023年4月24日，第二届"全民阅读大会·年度最美书店"颁奖活动在杭州举办。全国各省市共有50家书店共同参与评选"年度最美书店"荣誉，兆熹书店获此殊荣，这也是目前河南省唯一获奖的民营书店。

非常值得一提的是，在"全民阅读"的口号还没有被提出来的2020年，我们就已经在推广"全民阅读"了。

未来：做真正的全民书房

或许我们已经习惯了网购图书带来的便捷，但置身书店，流连在设计精美的书海时，那种踏实劲儿和文艺感，是鼠标键盘和智能手机怎么也代替不了的。更何况是安静的空气中还飘荡着淡淡的咖啡香，落地玻璃窗时刻透出明媚的光。

兆熹书店，如一颗精神火种，吸引着形形色色的人们靠近、凝聚、彼此倾听。

而随着数字技术和互联网的飞速发展，电子书和网络书店日益普及，给传统实体书店带来了前所未有的冲击。在这个变革的时代，实体书店不可能消失，而是经历了一轮又一轮的洗牌与重组，生存下来的书店在探索与转型中找到了新的生存之道。

电商书籍的销售对实体书店的冲击是显而易见的,"一件代发"更是没有办法跟提供美好阅读空间的实体书店的成本费用相提并论。除了高昂的装修设计费,还有日常运营的人力、能耗、运营费用等,这些都在本来就微薄的利润里一扣再减。

我们作为实体店的运营者,是没有资格要求消费者体谅这些费用的。与其一再解释"正价销售、知识不打折"的主张,不如顺势而为。

获得"最美书店"荣誉后,我召集团队开了个会。很多读者会拍店里的书单和书籍,或者直接在网上对比价格后就直接下单了,这个非常符合我们"开卷有益"的理念,凡阅读必获益。兆熹书店的书籍选品在业界也是有口皆碑的,很多私人书房或企事业单位的"阅读角"都会找我们团队选配书籍。既然大家认可我们的选书,直接在店里买就好了,满足当下的阅读需求。既然价格让大家犹豫,那我们就做"折扣书店",每本书保有 8%—15% 的毛利,可能会比网络低,也可能会高一点点,但是我们拿出最大的诚意,让购书不再成为让人犹豫的事情。

经过将近一年的试验,我们的销售数量直线上升,在实体书店大环境数据不理想的情况下,我们的营业额实现 18% 的增长。

传递心意与温度的"礼物书店"

随着生活品质的提升,人们对于礼物的选择越来越注重个性化和创意性。而书籍作为一种具有文化内涵和精神价值的礼物,一直深受人们喜爱。因此,将书籍与礼物相结合,可以满足市场上对于独特、有意义的礼物的需求。

传统的书店主要侧重于书籍的销售,礼物书店则打破了这一局限,将书籍与创意礼物相结合,创造出一种新的经营模式。这种创新模式可以吸引更多的顾客,尤其是那些喜欢寻找新鲜事物的年轻人。

礼物书店不仅提供商品,更提供一种独特的购物体验。顾客可以在这里找到适合自己或亲友的特别礼物,同时也能在舒适的环境中享受阅读的乐趣。这种融合了购物与休闲的体验,使得礼物书店成为一个社交和放松的好去处。

作为一个文化交流的场所,礼物书店可以吸引不同背景和兴趣的顾客。在这里,人们可以分享读书心得,交流礼物挑选的经验,从而增进彼此的了解和友谊。

礼物书店不仅可以满足市场需求,还能拓展赢利渠道。在挑选礼物的时候,能够想象到礼物陈列在自己家或友人家里的场景,或者使用场景,那也是一种关怀和美好。

我们是一家书店，又不仅仅是一家书店，我们售卖好书好物，举办展览、沙龙、讲座，让丰富多彩的艺文活动日常化、生活化，让艺术、学术平民化。

随着居民收入水平和文化程度的提升，人们对精神文化需求日益增长，对图书和阅读的需求量将持续扩大。这为实体书店提供了广阔的发展空间。将来，也希望政府对文化产业的支持力度不断加大，为实体书店的发展提供有力保障。

每一代人都有属于自己的文化形式，去承载他们的理想，而我们选择了书店。希望在略显喧嚣的时代里，保留这样一处精神家园，在每一日的晨昏中对寻求安宁、渴求精神滋养的人们敞开怀抱。

重 庆 · 刀 锋 书 酒 馆

刀 锋
书酒馆

本文作者

江凌,刀锋书酒馆主理人,青年作者,已出版《我可是你故事里那个人》《请你永远记得我》《深夜书店》,同时也是 B 站 up 主,运营微信视频号"阅读药丸"。

推荐书单

曹天元,《上帝掷骰子吗?量子物理史话》,北京联合出版公司 2019 年
李娟,《我的阿勒泰》,花城出版社 2021 年
[波]斯坦尼斯瓦夫·莱姆,《索拉里斯星》,靖振忠译,译林出版社 2021 年
木心,《文学回忆录(1989—1994)》,上海三联书店 2020 年
[瑞典]帕特里克·斯文松,《鳗鱼的旅行:一场对目标与意义的探寻》,徐昕译,湖南文艺出版社 2020 年
[英]毛姆,《刀锋》,周煦良译,上海译文出版社 2007 年
[捷克]米兰·昆德拉,《不朽》,王振孙、郑克鲁译,上海译文出版社 2015 年
[苏联]巴别尔,《红色骑兵军》,傅仲选译,上海人民出版社 2021 年
[美]艾里希·弗洛姆,《逃避自由》,刘林海译,上海译文出版社 2015 年
陈嘉映,《何为良好生活》,上海文艺出版社 2015 年

书店简介

创立于 2016 年,是重庆一家性格鲜明的独立书店,融合书店、咖啡酒馆、食堂于一体,由重庆籍青年作者江凌创立。刀锋书酒馆因为极佳的选书品位和陈设调性,已成为重庆独立书店的新名片。

重庆·刀锋书酒馆
剃刀锋利，越之不易

江 凌

多年以后，面对着空空荡荡的书店，已经中年的刀锋书酒馆主理人江凌，再一次回忆起决定将书店搬迁到解放碑的那个遥远的下午。这一次，他后悔了。

显而易见，上面这段文字是对《百年孤独》那个经典开篇的拙劣模仿，却是我在 2022 年的冬天记录下的真实心境。在那个愁云惨淡的冬天，一切都糟糕透顶，甚至可能变得更糟，看不到任何希望，作为一个实体书店的经营者，我再 次深陷绝望之中。那天下午，我坐在书店外摆区的椅子上，透过玻璃窗，看到偌大的书店灯火通亮，稀稀拉拉地坐着两三个顾客，内心止不住地悲叹，用手机写下了上面那段文字。

时至今日，虽然书店最终还是经过了那三年的狂风暴雨，顽强地存活了下来，我也不得不承认，那一刻的后悔是真实存在的。到 2024 年，刀锋书酒馆已经营业了八年，那是我八年来唯一一次对于开书店相关的事情感到后悔。严格说来，我后悔的并不是开书店这件事情，而是在一个至暗时刻依然不肯放手的执念。人能不能两次踏入同一条河流可以让哲学家们辩论许久，但是人不应该两次踩进同一个坑里似乎是不争的，而书店的至暗时刻，我已经经历过两次了。

作为一份实体书店的生存报告，我更加愿意向大家讲述的不是书店持续经营的方法论，而是一种经营者的态度。我们经常说，独立书店的灵魂就是它背后的那个主理人，主理人是什么样的性格，书店就会呈现出什么样的面貌。同样，书店想要长久经营，主理人也需要有坚定的信念和稳固的力量支撑着自己，往往是人先垮掉，然后才是店。

所以，在经营书店的第八年，回望这一路走过来经历的风风雨雨，我最想要分享的还是关于人的故事。当我们决定要开一家书店时，那些涌动在内心的究竟是一种激情还是一种无法消除的愁绪？我们想要去做的究竟是一份事业还是一份不需要上班的工作？我们在其中安顿的究竟是自己的整个人生还是暂时无处安放的生活？希望我分享的这段经历，对于那些心中怀着书店梦想的人，或多或少能够有一些启示。

理想

故事还是要先回到 2014 年，那年我 27 岁，踩着青春的尾巴，生活却陷入了迷茫。大学毕业之后的 5 年里，我拿着标准的人生剧本一路狂奔，工作、加薪、跳槽、升职、买房、买车不停歇，一心向往着所谓都市中产的生活。但刚刚摸到这种生活的边缘，就直接否定了它的全部：我无法想象一辈子朝九晚五做打工人的职业生涯，即使是高薪高福利的公司都不行。于是我选择逃离这样的状态。刚好有朋友在开餐厅，第一家做得还不错，打算连锁化经营，邀请我入伙，我开始想象一种自己当老板并且实现财务自由的生活，于是辞职创业。第三家餐厅开业后生意火爆，我在日复一日的从厨房到餐厅的奔忙中逐渐迷失自我，又一次否定了它的全部：如果创业只是赚钱却让自己变成空心人，这样的生活我觉得毫无意义。

2014 年的夏天，我在这样的迷茫中踏上了去往东南亚的旅程，旅行将跨越柬埔寨和老挝，持续 20 多天。出门之前我决定带一本书在路上空闲的时刻阅读。书架上摆着很多尚未拆封的新书，事后回想，只能说冥冥之中自有安排：我带了一本毛姆的《刀锋》。

旅行比想象中更加奔波和疲惫，一路上我都没有机会打开这本书阅读，直到抵达了西哈努克的海边，我放弃了原定的一个岛屿游览计划，换来一天休整。午后，我躺在海边旅馆的露台上，打开了那本《刀锋》，只看了 100 来页我就睡着了，醒来的时候，睁眼只看见蔚蓝如洗的天空，远处沙滩上传来依稀的人声，海浪在脚下温柔地拍打,那一刻,我如入澄明之境,一个念头劈空而来,闪现在我的脑海:像书中的主人公拉里那样,去"晃膀子"吧。

之前的人生中,一次又一次的否定让我意识到,自己一直以来都在逃离自己不想要的生活,而《刀锋》给我最大的启示就是:为什么不可以全部清零,先弄明白灵魂深处真正想要的是什么,再去过自己想要的生活?旅行结束之后的半年,我退出了创业团队,进入了"晃膀子"行列,之后又是在机缘巧合之下,写作、出书、开书店,人生来了180度的大转弯,从此成为一个和书纠缠一生的人。

这是刀锋书酒馆之所以取名"刀锋"的原因,也是书店故事的起点,在后来的叙述中,我都将其解释为天启,以至于故事流传到最后,变成了我被一本《刀锋》改变了人生。在此我或许要做出一些小小的修正:阅读可以改变人生,但是只有在恰当的时刻、恰当的人生阶段读到一本恰好的书,书籍才能彰显出这样的力量。

其实书店的意义也是如此,很多时候,我们会过于夸大一家书店对顾客们产生的影响,尽管这些溢美之词是他们亲口说出来的,但是书店店主们实在是太需要得到慰藉了,所以往往会直接进行强关联,到最后甚至以为书店能够直接地改变他人的生活。这样的事情确实发生过,但一旦我们承认世界的复杂性,并且跳出自我安慰的滤镜,就会发现,一家书店的作用或许没有那么大，那位特别的顾客只是在一个恰好的时机、恰好的情绪里与书店发生了恰好的关联，让书店在他的生命中产生了巨大的力量。

我这样的表述并非要否定书店的意义，只是在试图剥离一些美好的滤镜，呈现出书店更真实的境况。如果说，真正的英雄主义是在看清生活的真相之后依然热爱生活，那么属于书店主的英雄主义，就是在坦然面对书店的本质之后依然愿意开书店，这种动力可以来自崇高，来自务实，但至少不应该来自一种幻觉。

初心

我进入这个行业的契机或许和很多人都不相同。我并不属于那种有着极强的书店情结的人，也不是因为怀揣着一个理想主义者的梦想而开书店。我总是说自己开书店这件事情是天时地利人和之下自然而然就发生的事情，换另外一种说法，也可以称之为"稀里糊涂"。我也愿意承认，一开始在开书店的时候是存在某种自我幻觉的。

2015年的夏天，我在"晃膀子"。每天的生活就是看书、看电影、写作、旅行，当时写的一个短篇故事《我人生中最后一段爱情》不经意间成为爆款文章，被各大自媒体转载，随之而来的是出版社约稿，出版了我的第一本书《我可是你故事里那个人》，甚至还售出了影视版权。对于一个文艺青年来说，这几乎可以说是天上掉馅饼的事情，让我平白无故地生出了莫大的勇气，以为自己可以成为一个作家。而理性这个时候还是提醒着我，在能够靠版税养活自己之前，我可能还是需要有一份养家糊口的工作，毕竟村上春树也是出到第三本书的时候才卖掉酒吧全职写作。我也曾短暂地重回职场，但是两个月不到就离职了。然后一个想法冒出来，进而演变成一种再也无法平复的激情：我是否有可能开一家小店，人来人往，我闪到一边，做人间的观察者，晚上伏案写作，做自己的作家梦；这家小店不用赚多少钱，只要能够维持生计就行，让我在一定的时间里可以安心创作，持续写作。

如今看来，这简直是一个幼稚到可笑的想法，却如同一场高烧经久不退，推动着我一步一步地实现它。后来我遇到很多同行，才发现大家多少都发过类似的高烧，有人为了给自己找看书的地方开书店，有人为了给朋友聚会找地方开书店，有人为了写博士论文开书店……诸如此类，不胜枚举。尽管动机不同，大家却有着一些共性，都以为只是在尝试某一种可能性的生活，如果不成功，似乎可以轻松地全身而退。大家都万万没想到的是，书店拥有一种独特的魔力，往往会让书店主深陷其中，进退皆非。

回到我开书店之前，当时我的想法是开一家小店，并没有直接明确是要开书店。事实上，当时更符合我想象的其实是青年旅舍，无奈青旅的投入过高而且选址不顺利。后来遇到一个文创园里的铺面时，脑海里的画面才补齐：开一个书店，有书有酒，像伍迪·艾伦的电影《午夜巴黎》里那样的场景。于是高烧再加一度，一切都顺理成章地发生了，我怀着巨大的热情，介入开店的每一个细节之中，半年的装修时间里几乎每天都在工地上，一点一点把自己想象中的书店呈现了出来，2016年7月，刀锋书酒馆正式营业了。

很多人问过我开书店最开心的阶段是什么时候，毫无疑问就是在书店开业前后的几个月，也是仅有的几个月。因为那时候激情未退，憧憬饱满，而现实的大锤尚未露出凶悍的一角，给了梦想以短暂的舞台亮相时刻。尽管刚开业的时候每天也基本没多少客人，但是我怡然自得，自己一个人打理店面所有事情，没有客人的时候就自己捧一本书窝在沙发里看到睡着。我也在这样的状态当中，完成了自己第二本书的书稿。天知道，这一点点的快乐在往后的岁月里被我反复咀嚼了多少次，努力地挤出一点甜，中和现实的苦。

焦虑

开业三个月之后，书店的经营就迅速步入正轨了，有媒体报道，有明星加持，开始有人慕名而来，我们成为所谓的"网红书店"。周末客流还不错，我也开始聘请店员了。但是流量终究只是表象，在店里买书的人极少，咖啡酒馆基本没有翻台，所以作为一家看起来还算有些人气的书店，我们每个月仅能勉强盈亏平衡，这还是在享受租金优惠的阶段，而且我自己并不领取工资。

与此同时，被我寄予厚望的第二本书《请你永远记得我》上市之后反响平平，既没有加印也没有售出影视版权，几万元的版税根本不足以支付我的生活开销，加上开书店已经花光了我多年的积蓄，我开始身负债务，并且越积越多。开业一年之后，免租期结束，店铺的租金开始增长，书店的生意却没有变得更好。我做了一个小书店店主能够做的一切动作：做活动、做社群、做网店、做文创，营收虽然有所增加，但是依然不足以支付所有成本。当然这和选址的失误也有一定的关系，所在的文创园经历过开业的热闹之后日渐萧条，缺少自然客流，也因为交通不便，一些老顾客抵达的频率也不够高。当所有人都以为我们是一家很"红"很"成功"的书店的时候，其实门店的盈亏已经不再平衡，每个月都在亏损，财务状况不断恶化。我陷入了持续的焦虑之中。

到这个时候，我才发现，我在开书店前专程去拜访的那位行业前辈，当时她给我的几点建议，每一点都精准预测了我可能遇到的问题。她说：第一，不要负债开书店，资金要么是自己的要么是股东的，不能是借来的；第二，如果书店一直亏钱，你够亏几年，给自己设一个时间点，亏到第几年就不要再继续了；第三，开书店的几年里，你需要有其他经济收入维持自己的基本生活。

她说的每一句话都来自她踩过的坑，然而我没有亲自踩进去之前，总以为自己是可以通关的那一个。到后来，这样的场景也开始循环，多年间至少不下十个想要开书店的人来书店拜访过我，深聊许久，我苦口婆心、忠言相告，给出了教科书式的经验总结，但是最终似乎没有劝住任何一个想要开书店的人。不知道他们中的一些人，在书店面临绝境的那一刻，有没有想起来刀锋书酒馆和我交谈的场景呢？

比起自我的焦虑，更加糟糕的情况也随之出现了，那就是书店的经营陷入了一种恶性循环：因为焦虑，我的精神状态变得萎靡，和顾客交流的时候经常心不在焉甚至刻意回避，得到的正向反馈就越来越少。我便开始怀疑书店的意义，变得更加消极和萎靡，书店也缺少了应有的活力，来店里的人也没有那么多了，生意更差，然后我变得更加焦虑。这种循环最后像是一个死结，锁住了我和我的书店。

抉择

回到那位前辈的忠告，没有想到的是，书店亏到第二年，我就已经承受不起了，面临着是否闭店的抉择。

我带着这个问题思考了将近三个月，发现它比想象当中要复杂得多。

要说到开书店的初心，当时肯定是已经不复存在了，因为我所向往的那种生活早已支离破碎，我既不快乐也没有实现梦想，更别提赚钱了。如果初心都已不再，把书店关闭似乎是理所当然的事情，可惜我始终都没有这样的决心。很久以来，我都在想，到底是什么牵绊住了我，让我不舍得放手。是自我价值的认同吗？还是一种隐隐作祟的虚荣？是舍不得刀锋书酒馆这个品牌吗？还是舍不得自己几年来付出的时间和金钱？我觉得这些可能都不够准确，更加准确的比喻是，或许可以把这家书店看作我一笔一笔画出来的巨幅画作、一刀一刀刻出来的巨大雕像，它是我的作品，是我的自我投射，让我自己主动去摧毁它，近乎毁灭自我。

这其实是非常值得书店经营者们思考的一个问题，当一家书店身上投射了太多主理人的欲望和想象之后，就变成他们的一个分身，主客体难分难解，让许多简单的问题变得复杂，一些在理性上完全说得通的逻辑在这里变得异常艰难，也带来了许多额外的痛苦和纠结。我就是在这样的纠结之中，逐渐清晰了自己的抉择：刀锋书酒馆需要继续存在，它可以搬到一个房租更便宜、面积更小的地方继续履行书店的职责，而我需要回到职场继续工作赚钱，每个月从工资里拿出几千块钱来补贴书店，也就是说，把书店当作一个热爱的事情来供养着。

时至今日，面对前来咨询的准书店店主们，这依然是我优先给他们的建议。因为书店赢利之路实艰而得渡人稀，不如从一开始，就不做这样的打算。你只是喜欢书店，并不是喜欢通过书店赚钱，倒不如纯粹一点，做一个供养人。

然而我最终并没有走这条路，而是选择继续全职开书店，背后并没有发生什么惊天动地的事情，也没有什么峰回路转的剧情。说起来，都只是一念之间。

那个北风呼啸的下午，是一个周末，店里的人并不多，糟糕的天气糟糕的生意，我也早已习惯。突然间，灯火熄灭，一片漆黑，是停电了。问了一圈，并非片区停电，而是因为我们店铺预充值的电费用完了，我去找物业充电卡，物业不给充，提醒我说上个月房租还没缴，在我东拼西凑把房租缴掉之后，物业又告诉我说周一上班才能充电卡。我和物业人员大吵了一架，郁闷不已地回到店里，和几桌客人解释原因，告诉他们今天都不会来电了，有三桌客人当时就走掉了，还有两桌客人不愿意走，挪到靠窗户的位置，借着外面的天光继续看书。那一天，是书店的至暗时刻，我坐在靠外面的沙发上，目光呆滞，内心翻江倒海，不停地追问自己何以至此、何必如此！甚至觉得，这书店关闭也罢。

后来走进来两个客人，应该是远道而来，他们听完我说停电无法正常营业之后连连说没关系，打开手机的电筒，照着书架一排排仔细地浏览，拿下感兴趣的书照着光翻看。这样的场景让我眼角滚烫，一股莫名的情绪瞬间涌起来：凭什么！凭什么爱书的人要这么委屈！凭什么一家好端端的书店不能灯火通亮！凭什么我用尽心血做出来的一家书店要这样可怜兮兮地活着！我偏要活得漂亮！

就是这一念的转变，刀锋书酒馆的故事得以重写。后来我公开招募了合伙人，转让了部分股权解决了财务危机，后来又决定迁店，在一些股东的加入之下，重新在解放碑开了一家面积更大、功能更完备、商业逻辑也更通顺的新店。新店 2019 年 6 月正式营业，半年之后，新冠疫情开始，波折动荡、起起伏伏熬过了三年，时至今日。

幸存

穿越疫情的这三年，书店的故事更是一言难尽，但是开篇那一句"后悔"就足以说明一切。诚如我所说，这种后悔指向的是一种执念，在那一念之间，我决定让书店活下去并且健健康康活下去的想法，是一种执着，也是一种冲动。事实上，当时的我并没有想清楚，书店以另外一种方式继续下去，对我而言到底意味着什么。我更像在以一个存在主义者的姿态，迎面生命中的所有挑战，让自我的价值在这种对抗中得以呈现。

我想，这是一种激情，也是一种本能。对于实体书店这样一个"夕阳行业",闯进来的人如果缺少了一些激情恐怕是无法坚持下去的,但激情和冲动不能是唯一动力。我凭着胸中的一口气将书店继续开下来之后,其实又用了很长的时间,去处理个人与书店的关联、商业与情怀的均衡、个人价值与品牌价值的剥离等,每一步都伴随着痛苦和纠结,甘苦自知。所以,作为一家幸存下来的书店,在八年反反复复的重锤之下,或许我应该给出另外一些幸存者的建议。

我支持将开书店作为一种生活方式的态度,过自己想要的生活,而书店只是一个载体。这种情况下,千万记得,生活的意义高于书店的意义,要保持快乐,要有店休日,要留足够的空间给自己的生活;如果书店里发生不开心的事情,别委屈自己,如果生活的烦恼已经压倒了开店的快乐,不要继续,如果持续亏钱超过 6 个月,不要继续。

我也支持将开书店作为一种爱好来供养,从而实现自己的梦想。这种情况下,不妨更加肆意一些,选自己喜欢的书,做自己想做的活动,谈笑有鸿儒,往来无白丁,让这家书店变成当地独一无二的场域,去抵达某一种崇高和极致。

我也支持书店以商业化的方式存活下来,努力地赚到更多的钱,活得更长久,这种情况下,经营者需要将书店的精神和自我的生活切割开,同时又要在市场逻辑和品牌表达之间寻找到一个均衡,这其实是更加艰难的一条路。

而刀锋书酒馆走到第八年,风风雨雨都经历过后,目前的想法变得十分简单:健康地活下去,活得足够久,做好它应该做的每一件事情,使命会自然地彰显。

如果有一天,你路过重庆,路过解放碑洪崖洞,欢迎你拐个弯,来这家有书有酒有美食的书店,度过属于自己的惬意时光。最好,是可以邂逅一本属于自己的人生之书,在恰当的时候,帮助你越过刀锋。

长沙 · 镜中书店

本文作者

刘海蒂,2022 年创办镜中书店及平行诗歌节。曾任国内首个 O+O(off+online)实体书店当当梅溪书院品牌主理人、主持人,策划并主持国内诸多艺文活动。

推荐书单

张枣,《张枣的诗》,人民文学出版社 2023 年
郭沛文,《鹌鹑》,中信出版社 2020 年
田秉锷编著,《毛泽东诗词鉴赏》,上海三联书店 2012 年
黄永玉,《黄永玉全集》,湖南美术出版社 2013 年
何立伟,《亲爱的日子》,作家出版社 2009 年
韩少功,《人生忽然》,湖南文艺出版社 2021 年
钟叔河,《念楼学短》,岳麓书社 2020 年
杨潇,《重走:在公路、河流和驿道上寻找西南联大》,上海文艺出版社
　　2021 年
杨小洲,《逛书店》,上海人民出版社 2012 年
残雪,《黄泥街》,湖南文艺出版社 2021 年
何顿,《黄泥街》,湖南文艺出版社 2010 年

书店简介

创立于 2022 年,是一座生长在长沙岳麓山脚下的书店,用探索之心回应当下人文,以人文诗歌为主线串连阅读空间,精选在地文化创意好物,聚合策展、声音内容创作等平台,以实体的方式,回应"心象风景"。

长沙·镜中书店
走楼梯的人

刘海蒂

2024年春天到来的时候,我搬到了北京,在开办一家独立书店的第三个年头,这样的选择既不在既往预设的轨道里,也不是具有任何参考价值的独立书店生存样本。

它只是恰恰好地就这么发生了,一个在长沙漂泊14年的北方孩子再度回到北方,但北方的一切已然不是过去熟悉的样子——

曾经和发小友人们一同停留北京,考学、游玩、探亲。那时候我们觉得北京足够庞大,大得让任何一个有想象力的人能向往出无限的未来,那未来里包括自己的可能性,也包括对世界一定不会停止变好的坚信不疑。

2011年夏天,我在当时被称为新锐的出版品牌"磨铁"实习,南派三叔和沧月是新晋热门,学习看几十万字的校对稿,在微博上尝试做最早的新媒体运营,发"北京书店探店指南",互动的全是活人。

带我的编辑前辈闲聊时提到,"电话号弄丢问题不大,但QQ没了就会跟这个人彻底失联的"。我跟在旁边,深以为然。

我们都尚不知道第二年有个叫张小龙的湖南人会捣鼓出一个叫微信的东西,在未来几年的时间里,它逐渐占据我们的社交生活,从聊天到分享日常,直至完成生活中大部分事情。

"磨铁"当时在德胜门外大街,积水潭地铁站出来就是。B口旁边的四川燃面是全世界最好吃的,有一次吃完燃面没有照例坐上回车公庄姐姐家的公交而是踏进了2号线,到雍和宫的时候突然冲进来一大群穿着同样球服的球迷,一路骂骂咧咧占据车厢,"国安××"的声音此起彼伏。

4号线还在修,望京是什么意思,国安球迷跟我也都尚不知晓。

地铁里没有扶梯,从地面到站台的镶铜边水磨石楼梯矮矮宽宽,如果一次只迈一级台阶就会像在走小碎步,必须豪迈地一次迈两三级,才能带动裤脚旁边的风,才能潇洒地配得上这个谁都配不上的北京。

13年之后,我住在离15号线望京东地铁站1.5公里的地方,已然觉得"还算便捷"。地铁可以带你到北京的任何一个角落,更多朋友搬去了常营、顺义,甚至燕郊——因为那里可以付出更少的钱获得相对更舒坦的生存，那是一种巨型都市里的自我生活保全。

在北大读研的女孩愿意从海淀每天坐 15 号线通勤 2 个小时来望京实习。她轻巧地扫码出闸机，只需要走几步路就能迈上通向写字楼的电动扶手电梯，再转身刷脸进入另一个闸机，熟练地走进工位，打开电脑。直到夕阳从落地窗打进来，整个望京才开始渐次熄灭，写字楼里真的走出密密麻麻如同蚂蚁一般的世人。

而在过去两年的时间里，同样的傍晚，我站在镜中二楼的落地窗前，抬头是无尽的岳麓山，森林在夜晚降临前沙沙响，群鸟鸣叫，夕阳均匀地打在被群山笼罩的书店、树木、鸟背上的羽毛和村子里的小路上。

两层的书店内部找来老师傅做过去那种一体浇灌的水磨石工艺，楼梯在原本房东铺的老瓷砖上铺了一遍在长沙城南老木头市场里找来的老松木切割而成的木头。如果你穿着皮鞋，那上下楼梯的时候，会有"咚咚"的声音响起来，那是砖或水泥砌成的台阶无法发出来的人体的音符。

附近是村民家，大户人家在天气好的时候会把桌子摆出来，一家老小坐在院子里吃饭闲谈。租在店后土房子的工地夫妻也回到家中，户外的灶台上搭着并没有被密封起来的石棉瓦，炊烟就沿着缝隙飞到更高的山上，在柿子树梢慢慢徘徊，散开。

这样的时候，你很难不感到造物主的公平。

它允许时间在此静默，允许时代的钟摆在弧度上绕过，允许那些偶然与想象的发生。

在山里蜗居的时间越久，"进城"的时候，就显得越异样，譬如会不自觉地在人群逐渐聚拢的时候深呼吸并赶紧离开，譬如会在出站进站的时候，惯性踏上宽敞无人的楼梯，拾级而上一段后侧目，发现隔壁扶手电梯上站满了人，一排一排地，静止着被向上或向下运送。我知道，我将在车厢里与其中一些人再次相遇。

但当我们像沙丁鱼一样被腌在同一节罐头里，戴着口罩低头看向手机屏幕时，心率或神态不再可被辨识。无法也毫无必要去分辨，到底谁刚刚跟我一样走楼梯，又是谁乘电梯抵达。

直到有一天，我在 7 号线双井站换乘，赶上电梯维修不开，那天拎着装满书的箱子，看脚下三段各自 20多级的楼梯，站在下楼梯口张望，发现身边站着几个和我一样无措的人，并不都和我一样拎着沉重的行李，但有几秒的时间我们经历着一样的无措，在"有且仅有楼梯"这个选项前愣了一下，在思考是不是必须承担着包括自己体重在内的重量，迈开腿走下去的时刻，被惯性拍了一下背。

当然，只好选择拎着行李箱往下走，尽管这一点也不轻松，但克服重力本身已经不是一件轻松的事情，加一个箱子也不会让这件事显得更了不起。往下走的时候，长沙书店里的一切又重影般地出现在我眼前。

镜中当然没有电梯，没得选。这个被我铺上了松木的，旋转着从一楼直通天台的楼梯，一共四五十级，窄窄厚厚的。店里生意忙起来的时候，店员们和我要端着托盘或拿着水壶跑上跑下。

"咚咚咚。"

像村上春树在《1Q84》里描述的情景，一辆车在隧道里行进时如果遇到一个突然的分岔路，顺着走下去可能是平行世界。当双脚在镜中的松木台阶上跑上跑下时，14年前的北京地铁上的台阶，在双井站换乘时脚下的台阶，三种动作，重合在了同一个画面里。时空，重合在踩在楼梯上的上一刻，这一刻和每一刻。

说得再明白一点，当14年后的我，低下头来检视自己坚持做的事的时候，答案不言自明。我和14年前的我发生了一场对话，在这14年里恐怕发生了很多不得了的事，但我和过去的我唯一一模一样的一点是：我们仍然在坚持走楼梯，我们仍然是走楼梯的人。

这句话是对我来说已经成为一种本能和惯性，当然，也是对书籍这个行业的隐喻。

这是一个够笨拙的行业——有人花12年出版一部大部头，有人花30年翻译一本书，有人磕了30年还要再磕下一个30年。时代早就坐着高速列车与海底光缆向前奔腾，聪明的人已经准备好火箭，我们不再能够接受不便捷的生活，可还是有人要选择爬楼梯，比如他们，或者我。

比起象征，我确实也更乐意来解释一下"爬楼梯"这件事的现实意义——

它意味着在价值观上，我们没办法以货币作为唯一导向。"爬楼梯"意味着，钱当然重要，但较起真来，钱还真的没办法成为那个最紧要的存在。事实上，如果书店能够"混"得下去，能够达到盈亏平衡，那么大部分时候我都会觉得一定是命运过于眷顾。

它意味着我们在一次又一次地克服自身重力，用最小规模的动作不间断地做引体向上，无法顺滑地随波逐流，而是始终试图做一个愉快的愤怒者，永远保持质疑和发问的权利，保持清醒地思考问题。

它意味着在"容易"和"难"的选择题面前，主动选择了后者，主动选择"少有人走的路"，少有人走的路听起来多么浪漫也大概风景斐然，但它并不真的是那些爱看风景的人的真实选择。这样的选择来自一种清醒的自觉，拧巴的自省，或许是虚妄的，但也一定更磅礴的责任心。

这些要命的觉醒和素质，出现在文明演进中我们逐渐意识到身为进化得当的灵长类动物更为"人性"的一些时刻，它让我们拥有欲望之外的其他可能性，比如不想倒退的愿望，不愿妥协的心气儿，不服输的勇气，不知天高地厚的冒险精神。

以上种种详细叙述共同构成我想进一步阐释清楚的定义，走楼梯的人。

所以，在2024年初，接到邀约，成为《独立书店生存报告》的作者之一的那一刻，我带着交集的感受，足够的羞惭，并决定不分享那些已然失效的方法论，而是从我自己说起，从14年前的那级楼梯说起，说一些看似无关实则揭示本质的事情。

尚存的书店，无非是经历无数次劫后余生后，还在坚持，必须是这样，也只能是这样。这件事没什么诀窍可言，非要说的话，我愿意用米沃什的那句话："站在人这边"。

说镜中是一家"幸存"的书店倒也没什么错，毕竟它诞生在2022年春天，像这一年的无数个让人无法预测的魔幻时刻一样，我们也无法预测接下来会经历什么，两年转瞬，镜中仍然活着，活在我预想过的更漫长的周期里的仍然非常稚嫩的学步期里，而身为创造它的人，为了让自己能在养书店的同时更好地活下去，我已然做出了新的选择——离开长沙，去往北京，成为一个非典型的外出务工者，在自己的身上寻找更多可能性和答案，并为此付诸实践。

不过心虚也是当然的事情，毕竟它只有两年，经验和方法论都少得可怜，它尚未经历足够长的时间周期的验证，尚未经历更复杂的检验，尚在期待自身生命力在一个动荡又可能的世界里，看到奇迹。

这根本就又像是回到了"走楼梯"的话题上，对于已经习惯并且坚持要走楼梯的人而言，很难把书店看作一门简单的实体零售商业或是文化生意，就像大家最近经常会挂在口头上说的那句话"正常人谁写日记啊"。是啊，正常人谁开书店啊？

在行业互动交流的活动上也时常听到书店人彼此之间的自嘲或互损（往往带着爱意），今年以来比较频繁出现的梗是，已经有来自各行各业层出不穷的大佬们断言我们终于进入了时代的钟摆摆得比较缓慢的时代，终于进入了"慢钱时代"，而坚持做书店的人对这件事根本没感觉，因为我们从来都停在那样的慢钟摆里，永远停在了慢钱时代，钱走不过来，我们也走不到钱那儿去。我们跟财富之间永远隔着一条河，我在这边，财富在那边。

这导致书店人确实看上去都挺面相舒展，笑容里通常带着"贫穷而富足"的满足感。当然，说老实话，我们自己心里也清楚，这行能收获到的、确实没法卖钱但又让我们甘之如饴的那个东西，叫"爱"，来自一种传续和使命感，让我们在三步并作两步地向上迈，去往下一层楼的时候，能够获得犹如肌肉被撕裂再重新生长起来的能量。

一家书店当然成不了聚宝盆，但它从诞生那天起就为强者们所青睐，这些聪明人是知道的，书店及其所营造的不可被替代的空间，好过许多药物，让这个时代扔给我们的心病，有一个疏解的出口。

无论从广义上还是狭义上，镜中都是一个充分收集"爱"的场所，如果十年后它还开着，不知道会不会有爸妈拉着小朋友的手过来故地重游，给小孩指着说：看，爸爸当时就是在那个书架前认识妈妈的。

"镜中"这个店名来自我最喜欢的中文诗人张枣的同名代表作，在他的另一首作品《断章》中有一句，"小爱神飞在麓山中，松树落下去冬的叶"。

不知道是对诗神的祈祷灵验，还是岳麓山的新鲜空气唤醒了年轻人的多巴胺，镜中是一个恋爱高发场所，时常有穿着时髦的登对情侣跑到书店，坐在院子里或天台上，闲散地一起看书，成为他人的风景。

广义上的爱才是更重要的事情。

这些爱由具体的每一天和抵达这里的每一个人构成，它带来某种不可名状的动力，也成为一个成长在长沙这样一座足够娱乐化的城市里，足够真诚的注脚。

如果要再让这种爱拥有更具体的样子，那不妨花一些时间展开讲解镜中和构成镜中的一切。

镜中有两层，每层 111 平方米，由民房改造而成，坐落在长沙湘江以西，岳麓山的西麓。另外有一个天台和一个院子，有几千本书、几千张碟，也卖咖啡、饮料，时常办一些奇怪的活动，比起零售店，我更愿意说它是一个编辑部。

七百多天的时间足够在一座不大的城市实践关于一家独立书店可能有的很多想象，包括但不限于办诗歌节，办刊物，办播客，办各种各样奇怪的展览，演实验戏剧，搞新书分享，卖文创，一起看电影，听音乐会，读诗，泡咖啡，练摊儿摆市集，办天台蹦迪派对，办涮火锅派对。在2022—2023年，两百平方米的书店办了一百多场活动，正常人不这么办，但放在书店这样的场域里却并不显得异样。

这些事情里的有一些仍在继续，比如诗歌节，但更多的时候盛筵易散，欢乐消逝在那些晚上的言谈之中一去不返，除了记忆。

我们被很多读者和朋友戏称为"养成系书店"，这不是空穴来风。从物质到精神上，实在是受尽爱的恩惠：整个院子里的植物，都在园林师刘瑞老师钦定下种植，哪些喜阴哪些喜阳，哪些耐旱哪些长得慢；院子里的玻璃大茶几，是后山开民宿的立东送的；漂亮的弧形玻璃曾经是装修时的大难题，而这个难题是给无数咖啡店做设计的小可帮我一笔一笔画出来的形状；进门处一些珍藏的孤品书概不售卖，因为都是岳麓书社捐赠给我们的；好多人喜欢拍照的中药柜子，从山里拖回来，货拉拉花了 50 块；房间里一到春天就到处盛开的郁金香，是作家朋友鳄鱼姐的定时供养；最受欢迎的两把超舒服的皮沙发，来自一位出版前辈姐姐搬家时的馈赠；墙上挂着 1564 年 4 月 23 日（对，莎士比亚生日）NASA（美国宇航局）推演出的月相油画，来自镜中的第一位实习生小苹果；前台播放音乐的音响，是开业不久佛山先行书店的老板石头哥自驾跑来长沙带来的礼物；桌子来自开舞蹈工作室的朋友，凳子来自开花店的朋友，陈列岛台来自做美甲店的朋友，墙上的字来自厉害的老朋友北岛、冯唐；连办公室的办公桌，都是做办公家具的朋友，看不下去直接从工厂里发来的。

看，就是有这么多足够具体的爱，它们跟随这些物品来到我们的日常，随着书店的成长被更多故事滋养着。这些力量太磅礴，它真的让那些琐碎的困难显得如此微不足道，它是我们愿意走楼梯的理由。

过去十几年，一个猛子扎进这个行业，做着不切实际的梦，太多时候也会受到周遭同情和不解的目光，会无数次被问："开书店，赚钱吗？"

对这个问题，我曾经有一套对答如流的对抗式的宣言，务实的个性底色帮我编织开书店赚钱的逻辑并用以说服他人——降低运营成本，增加品牌效应，活动引流，通过文创饮品和定制服务补充销售，成为文旅新消费的内容抓手入口，最终实现赢利。

这些思考仍旧奏效，只是在这其中，我无法左右时代的变幻，更无法拔苗助长，只用两年的时间，去完成一片森林的成长故事。

所以，在关乎镜中生存的命题上，我在第三年给出的选择是——走出去，寻找未知之中有效的可能性，并静静地滋养和浇灌镜中，以期它在合适的时节，遵循自然法则的生长周期里，逐渐成为一棵能够抵抗更多风雨的大树。

说到底，书店的生存之"道"，最终大概还是蕴藏在关于"人"的种种可能性之中，书店生存的痛点是无法标准化经营，有意思的地方也恰恰在此。走楼梯的人，搬凳子的人，选择月亮而非六便士的人，无论用哪种比喻都好，问题的最后，我们追问的是，一个人的目光可以穿透多长的时间，用何种韧性抵达怎样的彼岸？

开家书店，或许是最好的验证方式。

武汉·诚与真书店

诚与真书店
S&A BOOKSTORE

本文作者

老王(王国林),武汉诚与真书店创办人,2022 年 7 月带着不甘重新回归书业。

推荐书单

[英] 詹姆斯·伍德,《小说机杼》,黄远帆译,河南大学出版社 2015 年
陈嘉映,《何为良好生活》,上海文艺出版社 2015 年
[俄] 陀思妥耶夫斯基,《地下室手记》,臧仲伦译,漓江出版社 2019 年
吴思,《潜规则》,复旦大学出版社 2009 年
[英] 萨拉·艾哈迈德,《过一种女性主义的生活》,范语晨译,上海文艺出版社 2023 年
白先勇,《台北人》,广西师范大学出版社 2010 年
钱穆,《中国历代政治得失》,生活·读书·新知三联书店 2018 年
[美] 哈勃·李,《杀死一只知更鸟》,李育超译,译林出版社 2017 年
莫言,《生死疲劳》,浙江文艺出版社 2022 年
李硕,《翦商》,广西师范大学出版社 2022 年

书店简介

创立于 2022 年,店名诚与真(Sincerity and Authenticity),取自文学批评家莱昂内尔·特里林的演讲集《诚与真》。我们希望人在面临生存意义的拷问之时,将对智性、诚实的生活追求放在首位,以此守护内心的理想主义。

武汉·诚与真书店
诚与真老王的书业观察及思考

老 王

诚与真书店·湖北省武汉市武昌区昙华林 117 号附 10 号

我开过两次书店,从 2010 年 3 月到 2021 年 5 月是第一家书店的经营日期,它是在一种非常狼狈的境遇下结束经营的。

2022 年 7 月,我第二次开书店,诚与真书店开业了。

为什么开诚与真书店,已无须更多解释,当然我并不想做一家只卖书的书店。

在开诚与真前,我就下定决心一定要不停地为书店行业发声,不管会不会起到作用。作为一个有 14 年书店经验的书店人,我无法对这个行业里不太正常的事视而不见,作为行业的一员,我一度觉得应该对这个行业负有某种使命,而只有当我身处这个行业时才会有发声的正当性。

开业时,我们专门做了一张海报:诚与真与书业一起相拥远行!

开业的时候，小半个出版圈、书店圈以及很多读者都在讨论"老王竟然又开书店了"。因为以 2022 年的情况看来，再开书店真是有钱不怕亏，当然也有很多朋友对我再次开书店特别期待。

经过了两年多的经营，诚与真这家新书店在网络上似乎有了很多话题，既然诚与真有它的关注度，我就更有义务做一个发声者：让更多的朋友看到一个状况尽可能真实的图书行业，也让大家看到这么多的书店人为了开书店忍受了多少委屈，也让大家理解为什么当下书店的经营会如此困难。

我从几个方面写下我的书业观察、探索和思考。本文仅代表诚与真的个体经验，不代表全行业。

出版行业的问题

关注书业以及身处这个行业的朋友都知道，在国内的书业，出版方和书店方的关系并不好。而两者关系不好的原因其实很简单，出版方瞧不上书店方那点销售数据。当下出版业的某些行为在越来越严重地破坏着这个行业的健康，有几点不吐不快。

许多出版方目前都有自己在各个平台的线上自营店铺，及其他网络私域流量内的卖书途径。出版方直接面向读者端零售自己的书时，几乎把书常年以低于五折甚至更低的价格售卖。有些出版方在自己的私域里甚至把书卖到两至三折。而发给书店的折扣通常在六折到六八折之间，这种售卖逻辑，就是出版方在利用自己的"垄断权"欺压渠道。也可以理解为这是自营店在与书店抢读者，换句话说就是："厂家"与它的客户形成了竞争关系。

有些出版方在业务上分为：线下发行部门、传统电商部门、直播电商部门、新媒体业务部门、团购直购部门……非常细，不一而足。每个部门在图书折扣上的话语权是混乱的，且部门之间业绩竞争激烈。还有不少出版方的发行部门与编辑部门之间关系微妙，一本书被编辑们辛辛苦苦做出来后，却很难到达编辑们想去的某些渠道。比如有些编辑跟书店关系很好，但在发行那里被卡住了脖子，导致书店无法顺利采购到图书。

还有一些出版方，把图书当成快消品打造，一味追求码洋和销售速度，打磨文本的耐心和态度都在下降，花大量的精力和金钱做营销打广告，图书本身却一言难尽。国内的出版业越来越向纯商业发展，图书作为文化产品的属性在削弱。

还有，最近的几年各出版单位只能在部分题材内深挖，同时为降低出版成本与风险，"公版书"也呈泛滥之势。整体而言，图书题材的多样性和丰富性在缩减。当内容的形式不如原来多元，题材对读者的吸引力减弱，图书的营销也面临着挑战。对于将选品作为核心竞争力的独立书店来讲，这在某种程度上也是一种打击。随着时间的推移，会有更多名家进入公版领域，出版门槛降低的同时，考验着出版方的良心，也增加了读者挑选到适合版本的难度。

这几年明显感受到诸多出版方在营销图书时，着重强调书籍的特殊装帧、用纸、印刷、工艺等。出版业成了一个内卷严重的行业：堆料、堆工艺、堆限量版装帧。不少出版方把特装书当成可以居奇的"宝物"在打造，以昂贵的价格不停"收割"。虽然买不买是读者自己选择，但营销上的宣传诱导却是出版方发起的。在装帧上对书无尽追求其实是无底洞，因为印刷装帧工艺每年都在进步，书可以做到越来越漂亮。我的理解是：当内容不再是"王炸"，就只能从外观下手了。

书店行业的困境

从经营上讲，书店是一个完全被动的行当，因为书店是图书行业的最末端。有很多特色书店把图书选品作为核心竞争力，这样虽然为读者精挑细选了很多好书，但书店本身并不产出作品，它的产品只能来自上游供应。我们惊艳于有些书店的选品，可惜这些书跟书店一点关系都没有。"我们不生产好书，我们只是好书的搬运工"，再加上网络时代下书店渠道比较弱势，销量有限，无法受到出版方的重视，在折扣和新品到货速度方面没有优势。作为图书销售渠道之一，大多数实体书店已经被出版方放弃了。

在与电商的折扣博弈中，出版方可以通过提高定价应对。图书的定价成为方便打折销售满足"低折扣"消费心理需求的工具，这个操作在消耗着读者对出版体系的信任。渠道失控、价格失控，定价成为摆设，对大多以只能原价售书的实体书店来讲，其定价越来越成为线下读者"不能承受的生命之重"，实体书店成为出版方与电商折扣博弈的受害者，出版方在这方面难辞其咎。出版业在电商面前的软弱，实质是文化行业在资本面前的低头。

此外，当图书题材变得越来越"安全"和"保守"，图书的同质化现象加剧，书店的选品差异优势难以凸显，这就苦了那些努力靠选品维持核心竞争力的书店，书店间的选品差异性在缩小，特色也就随之减弱了。

出版行业的吊诡及对书店行业的态度

以下是我的行业观察及诚与真书店在与不同出版方打交道过程中发生的一些具体例子，这里面有很多于情、于理、于钱都讲不通的情况，但它却真真实实地发生了，消耗着很多热忱者对行业的热情，影响着书业的发展。碍于大家同处于一个行业，所以不列出具体的出版方的名字。

在我接触过的出版社里，有不少出版社对书店的态度很不好，但自己又开了旗下的线下书店，自己作为书店的时候也总要采购。这难道不会受到其他出版社的冷遇吗？如果受到了，会去思考自己对待一般书店的态度吗？

有不少出版社的书店卖的是自己同一个出版集团下的其他社的书，比如北京某出版社的旗下书店，居然不是向兄弟社 / 友社采购来的，而是在电商打折时买回来的。既然出版社自己开书店采购图书时都嫌兄弟社 / 友社发书折扣不合理，或者出版社自己开书店时都嫌跟其他出版社打交道不顺畅，他们会反思自己的行为吗？在我接触到的大牌出版社中，很少有愿意和独立书店合作的。

诚与真书店有一次跟某出版社采购某本不太热门的书，共 100 册。出版社问书店 100 册卖得完吗？但同时也说，100 册的数量不尴不尬的，折扣很难跟领导申请。我认为这是出版社很虚伪的地方。这个时候你要搞清楚，是书店在给你卖书啊，你还不情不愿的，而这种现象在中国的出版业几乎是家常便饭。

之前我联系过一个出版社，打算向他们现款采购一套书，他们给的折扣是六五折。我说六五折让书店完全没法卖啊。他们说如果量大可以做到六折。我问多大的量算大，对方说码洋 10 万元。他们说："这个书我们在网上限价是六九折，你们也可以卖六九折，这样会好卖一些。"我说："难到花了将近 10 万元钱，就为了一点儿利润吗？"对方说："没办法，我们对书店渠道的政策都是这样，而且书店必须现款采购。"

图书行业还有一个很割裂的现象：我作为"小红书"博主时，有出版社的编辑会联系我，给我寄书，但我作为书店人时，想从出版社把书采购出来，出版社就没那么积极主动了。这个时候，出版社里的编辑部门、营销部门与发行部门之间的沟通再次失效，他们喜欢白送书，却不"欢迎"书店去采购他们的书。这个现象很"玄学"，大概只有这个行业的人能懂。但我没懂。之前我在"小红书"给一个很喜欢的策划方推过一本书，没想到居然火了，直接加印了，策划方送了 10 本给我。但是，书店从出版社那里想现款采购 200 本出来就是行不通。我问对接的人是怎么回事，他说这个事不是他能决定的。

前段时间我跟一个出版品牌的老师聊天，我问他："为什么你们品牌如此忽略书店呢？"他说，对于品牌而言，看重的是书到达读者手中，至于是不是通过书店到达读者手中以及愿不愿意发书店、给书店发几折，品牌方并不太考虑。我问他："去书店里看你们书、买你们书的读者算不算你们书的读者呢？"他没回答我。我想，这个问题很多出版社、出版品牌自己也都没搞清。

以我多年对书业的观察，读者是可以不断发掘出来的，并不是只有手机屏幕前来回比价的人们。

出版业还有一个吊诡的现象：有不少品牌和出版社都出过书店相关的书：有讲书店日记的，有讲书店意义的，有讲书店经营的，有讲书店里感人故事的……出版方在电商上猛推这类书，告诉读者这类书的有趣以及书店的意义，但自己在网上卖五折以下，发给书店的是六折以上，然后隔空喊出：书店加油！出版方营销这类书只是因为书店具有话题性，而不是出版方真正对书店行业的关注和支持，更没有哪个出版单位真正为书店业站过台。某些出版方在语言与行为上的巨大割裂，在书店方看来，就是个笑话。

国内目前对书店业不太友好的出版社、出版品牌不少，他们基本表现为：发书折扣高、对书店的采购不太热情、对书店不信任、不指望书店给他们卖书……

出版行业和书店行业的互动

从上面我所经历和观察到的情况，基本可以判断：书店在出版单位那里没太大话语权。在过去很长一段时间的书店倒闭潮里，除了电商冲击、电子阅读、碎片化信息对书店产生了影响，部分出版单位对书店的冷漠也是非常重要的原因。因为书店本身不产出图书，只能采购，所以很多书店面对出版单位的不公正待遇时，大多只能选择忍气吞声。

出版业对书店的冷漠是书业越来越浮躁的最直接体现，因为这个行业里已经不容许"慢"的存在了。

目前图书行业的现状基本就是出版业和书店业"老死不相往来"，书店业在书店业的群里批评出版社，出版业在出版业的群里批评书店。

从行业互动的角度来看，这个行业的上下游已经没有了互动，也就是说，行业进入了隔阂状态。但我想说，如果真没有书店了，出版业一定很孤独。有不少编辑都跟我说过：一些小众书，还是书店够意思，主动帮出版方宣传。如果书店越来越少了，出版方投入网络宣传上的成本会不会越来越大呢？

出版业现在最在乎的是如何找博主带货，如何让书在"小红书"上满屏都是，如何在直播电商卖更多的书，如何制作出更多的特装书……他们似乎已经不太需要书店了，不太需要书店精心给他们陈列图书了，不太需要读者在书店里静静翻阅他们的书了……

而以上这些，正是我写这篇文章的初衷，我想总得有一个人说出这个行业里存在的问题。在过去的两年里，诚与真书店活了下来，在书店业如此艰难的困境下，我们依旧努力寻求与出版方的合作，用诚意争取到他们最大的支持，我们是怎么做的呢？

诚与真的选择与做法

在选书时,诚与真不会花精力盯着老牌出版社,一是他们的选题不一定适合独立书店,二是他们对待书店的态度确实冷漠。相比之下,许多图书品牌更适合独立书店。

书店除了是一个商业空间,还应该要把书店的"媒体属性"给发挥出来。诚与真书店的微博、"小红书"账号都有比较强的"媒体属性",我们平时在这些平台发表的观点、推荐的书,很容易影响读者,这些平台同时也是书店表达态度的一个窗口。与读者保持必要的网络互动是一种可贵的交流,甚至我们在网上推荐的书在一段时间内都会热销。

我们书店优化采购渠道,把资金和精力花在刀刃上,只跟愿意与书店打交道的品牌、出版社合作。在折扣和账期上至少要争取到一项,如果有出版社既愿意让折扣又愿意给账期,毫无疑问这样的出版社就是书店重点合作的对象,双方深度互动,一起服务读者。书店和出版本质上都是服务读者、服务阅读的商业行为。从产品、宣传、活动全方位互动,在这方面,我们跟不少社、品牌的合作非常愉快。诚与真书店是 2022 年 7 月开业的,已经给几家社分别销了实洋几十万元的书。

诚与真书店合作的出版社、品牌目前有 20 余家,这个采购量足够我应付,再多的话我的能力和精力都不容许。对于独立书店而言，图书的采购不宜贪大贪多。书店方与出版方互相信任支持，建立深度的互动关系，会让书店的经营变得相对轻松而愉快。

开第一家书店时，我们基本是跟发行或者业务人员对接，彼此间最大的维系就是"我买他卖"，有时双方还会就折扣问题闹得不愉快。开诚与真书店时我的想法发生了很大变化，我要去跟出版社或者品牌的负责人直接对接，双方的合作首先是品牌上的合作，绝不是简单的图书采购。如果我不能做到跟负责人对接，就说明诚与真书店不可能得到出版社或品牌对书店最大限度的支持，所以我的逻辑就是：如果无法对接到一个品牌或书系的直接负责人，它的书我就不卖。

为什么会有这个转变呢？从做生意的角度来看，虽然只需要认识卖东西的人就可以了，没必要去认识生产东西的人，但从我多年跟出版社相关人员打交道的经验来看，书系或者品牌的负责人是一套书的策划者、统筹者及责任编辑，书是他们做出来的，他们对于书的感情，跟发行人员对于书的感情并不相同。他们更希望自己团队辛辛苦苦做出来的书能全方位被覆盖，而且诚与真书店还能做到不欠出版社一分钱，给我们认可的书很好的推广和销量，那么自然获得了很多负责人的支持。跟负责人直接对接还有一个益处：可以非常便利、灵活地展开与品牌的互动活动，比如可以拿到品牌送的官方周边，可以跟品牌联动出文创产品，可以拿到部分已绝版的图书，品牌可以为书店定制独家版本。我非常建议，独立书店能尽可能做到与相互认可的出版人直接对接。

也有一些出版社和出版品牌对书店渠道特别不友好，这些出版社或者品牌或许有他们自己的运营和销售打算，但寒了行业人的心。出版方不重视线下渠道，其实就是不重视对线下有需求的读者。对于这类出版社或者品牌，我们选择既不推他们的书，也不展陈他们的书。诚与真书店的进店流量和书架展位应该留给那些珍惜我们的品牌和出版社。书店要有态度：对行业的态度、对书的态度、对读者态度、对看不惯的一切的态度。出版和书店既然同属书业，行业内的尊重是最起码的职业素养，然而，有很多出版单位在这方面很欠缺。

我们也在加强与本地出版社、品牌在业务上的互动和关联。以诚与真书店所在的武汉市为例，武汉虽不像北京、上海、南京那样有发达的出版业和活跃的出版力量，但武汉本土也有做书特别认真的团队，比如2022年刚成立的"惊奇"。另外，本地的长江文艺出版社、武汉大学出版社、华中师范大学出版社、华中科技大学出版社、崇文书局等社，均有不错的书系和图书，独立书店本身就带有较强的地域属性，从本地出版社里面挑选出适合当地人文特色的好书，比把眼睛盯在远在千里之外的大社更容易给读者带来选品的惊喜感。

书的本质是经过编辑加工且可以大量复制的产品，

一本书只有到达读者手上才算完成了它最后的流程，一直停留在书店的书架上意义不大。对店里已有图书进行必要的宣传，为其找到适合的读者，是很必要的。用书痴的心态经营书店，会增加很多经营的痛苦，这是我在关闭第一家书店后，心态上的最大改变。

书店行业的努力

开诚与真书店的老王比以前更关注行业，我跟不少优秀的出版品牌私下交流比较多，发现了一个很有意思的现象：出版品牌之间的交流、互动和来往非常频繁，彼此良性互动。很多出版品牌的主理人都是好朋友，在图书的宣传上"你帮我我帮你"。反观在书店这个行当，却鲜有来往，甚至很多书店之间互相看不上。当下书店行业越来越难，而每年都有冒尖的出版品牌脱颖而出，书店们或许该思考一下为何会如此。

虽然书店业在过去很式微，但在2022年11月发生了一件让书店行业比较振奋的事，那就是南昌陆上书店成功举办了第一届"独立书店阅读节"。在此之前，从未有过以独立书店名义发起的全国性的阅读市集，这次市集既是行业的一次突破，也是向读者宣告，书店们可以做得更好。

这次阅读节一共有60多家独立书店，20多家出版品牌参与，参与读者达3000多人，每家书店和品牌均有不错的销售额，这种规模的阅读市集在人口只有600多万的南昌可以举办得如此成功，可见阅读这件事的魅力。这次独立书店阅读节的成功举办，也给后面继续举办提供了经验和信心。

在这次市集活动中，还有一个特别好的收获，就是不少出版方意识到曾经对待书店的态度有待提高，纷纷向书店释放了友好信号。

2023年，"独立书店阅读节"陆续又在宁波、武汉等城市举办。在2024年4月又在杭州举办，书店们一起联合起来做的这场阅读市集活动，已经悄然形成了力量和品牌。

诚与真的2022年和2023年

2022年对于书店来说，是很难把书卖出去的一年，但开业于2022年7月且只有60平方米的诚与真书店还是卖了实洋120万元的书。举两个诚与真书店在艰难困境中卖书的例子。

诚与真在2022年9月和2023年1月分别做过两盲盒活动："诚与真秋季阅读计划"和"诚与真新年阅读计划"，两次盲盒活动共计营业额10多万元。这两个盲盒都有一个主题"阅读计划"，就是我们会把过去一段时间做得特别好的书以盲盒的形式进行推荐。我们提前跟合作的品牌、出版社采购好我们需要的图书，甚至会拿到一些已经库存不多或已经绝版的书，以主题或者某种内在的逻辑做一个阅读盲盒。盲盒里含有6到8本书，售价299元，每个盲盒里都有绝版书，图书的总定价在350元到400元之间，偏远地区也包邮。算下来每个盲盒利润并不高，但这是出版方、书店方一起努力把书卖出去的一个例子。两次盲盒，每次都是三天的时间一共卖出10万元的营业额，这在2022年，是许多书店想都不敢想的。

2022年11月25日至12月25日，诚与真书店还做了一场为时一个月的线下打折活动。而之所以要做这个活动，实属无奈。11月中旬开始，各地疫情管控突然越发严格，商铺纷纷关闭，许多社会活动处于停滞状。书店和出版社的书卖不出去，快递、物流瘫痪，行业十分艰难，要在有限的能动弹的渠道里把书卖出去，成了我能尝试的唯一做法。于是我开始联系各个出版社和品牌的负责人问他们愿不愿意用打折的方式把书卖出去。好在他们全部答应参加了这次活动。因为大家有一个基本共识：书和读者之间的联系不能断。

实际上，整个活动时间只有不到20天，这个时间段里图书销售实洋55万元，这个数据是有了武汉众多的爱书人的支持才有的，也在很大程度上让各出版方感受到了武汉读者对他们所做图书的喜爱。后来我们把活动时间延迟到了1月3日，前后总计售书实洋70

万元。能想象一个60平方米的书店在一场活动里卖书70万元吗？而且是在当时不敢想象的背景下。在那段时间里，诚与真应该是武汉最火热的实体店铺，人流量超过了绝大多数商场。

这次活动并没有什么利润，而是让更多读者走进了书店，对于增加行业信心大有益处。当行业遇到困境时，大家一起想办法让图书能到达读者手上。保持市场的接续至关重要，特别是很多跟我比较熟的编辑看到自己做的书在如此困境下被读者买走了，特别开心，增加了做书的信心。

这次活动也让不少小众图书在武汉得到了很好的传播，这一点也很重要。诚与真书店用自己力所能及的方式践行着"与书业相拥远行"的行业愿景。在当时，作为一家开业只有半年，体量也并不大的书店，用比较灵活的方式让好书得到了传播，我想这正是一家书店的意义所在。

行业的最好状态是相互成就，是出版方、书店、读者三方之间的相互成就。很多读者惊讶于为什么这次活动会有这么多好书参与，这肯定首先要感谢各个出版社、品牌的支持，在这样的困境下，书店和出版方都向前主动走出一步，就是一个很好的行业互动的例子。当然，读者对阅读的喜爱、渴望和需求，永远是行业发展的根本。

2023年3月，诚与真还联合合作的出版方做了一次"女性阅读专场"的活动。在过去的三年，也是国内女性阅读市场被激发出来的三年，这是行业和社会的进步。这次活动的互动性和效果也非常好，售书35万元。

诚与真在2023年全年售书达300万元，其中线下占比60%。随着传播媒介的变迁，诚与真也在积极探索适合当下的生存之道，从2023年7月开通"小红书"店铺以来，售书120万元。与不少出版品牌的互动合作非常愉快，大家一起努力为读者服务，我们有一项基本共识：卖书是一件很重要的事！

而在传播方式已经非常细化的今天，书店销售图书的方式当然不能停留在等顾客上门来购买，出版方销售图书的方式当然也不能停留在把定价提高，然后打折满足部分人对折扣的需求。作为行业里的两端，大家一起思考如何探索更多元的销售方式，满足不同群体对阅读的需要。这是当下及以后行业内的伙伴们一起去努力的方向。

作为书店业的一员，我当然希望各家书店能各显神通地卖出更多的书；作为书业里一员，我当然希望行业里的朋友们一起努力为读者营造出更好的阅读市场和阅读环境。

虽然目前书店业面临各种压力，但大家的努力正慢慢呈现出积极效果。书店们正努力求行业的改进，由于书店并不能产出图书，因此这个行业如何发展很大程度上取决于出版方，如果有更多出版方加入这样一场行业改进的活动中来，我想这个书业朝着美好方向发展的愿景一点都不遥远。

书店业的更好发展，对于丰富读者的阅读生活及精神生活都大有益处，而书店业和出版业的良好互动，更是可以把书业推向更良性的发展。书店不但是售卖窗口，更是很好的宣传窗口。

附　录

重塑联结价值：城市实体书店创新发展研究之社区共建路径探索

曹亚男（中国民主促进会上海市委 2024 年参政议政课题组）

在调研 1365 家实体书店生存现状后，"开卷网"数据显示，2023 年前三季度实体书店零售图书市场同比下降 22.56%，和 2019 年同期相比下降已超过 60%，近一半在亏损。这和过去三年，新的图书零售渠道快速崛起有一定关系。读者购书渠道已从书店到三大图书电商平台向短视频平台溢流。2022 年，实体书店零售首次被短视频电商渠道超越，其码洋占比仅是短视频电商渠道码洋一半。2023 年，这一趋势更加明显，实体书店除了被短视频分流外，还受到快速崛起的"小红书"影响，零售功能不断减弱。

2016 年，中宣部、国家市场监督管理总局等 11 部门联合印发的《关于支持实体书店发展的指导意见》（以下简称《意见》）指出，形成大型书城、连锁书店、中小特色书店及社区便民书店、农村书店、校园书店等合理布局、协调发展的良性格局，目前看来基本完成，仅以上海为例，在大众点评上可查到的书店即有1102家。《意见》也重点提出了5项政策措施鼓励实体书店改革创新。但基于当时发展实情，《意见》要求的是强化"互联网＋"思维，鼓励实体书店利用互联网技术推进数字化升级和改造，打造新一代"智慧书城"，支持实体书店拓展网络发行业务等。

因电商、直播带货的飞速发展，书店也需将自己放到市场经济的规律里、以提供服务为主要姿态的销售行业里衡量自身。线下购买书籍的消费需求不足，意味着今天获取知识的途径变得多元，而这是不可逆转的。

那么，书店是否能强化自身服务属性，逐渐成为社区生活方式呢？

仅以2023年上半年中国订销杂志份数为例，累计达33149.1万份，尤其是有儿童、青少年的家庭，订购两种以上的不在少数。就是否将书店变成社区居民订购杂志的提货点，增强消费连接这个问题，半层、乐开、犀牛、青苑、众目、兆熹、万邦这几家书店都认为：如以2023年上半年中国订销杂志的数据为依托则不难发现，家庭对杂志内容的需求依旧旺盛。虽然随着互联网和电子书的普及，人们购买和阅读书籍杂志的方式发生了很大变化。然而，实体书籍和杂志依然具有一定的市场需求，街区有书店还是没有书店，很不一样。因此，如果书店能够提供便捷的杂志订阅和领取服务，将在很大程度上满足消费者的需求。这样可以将书店变成街道、社区的文化驿站，提升书店增值服务，增强消费连接。

比如乐开书店，就是一家非常乐意联动所在社区、做好社区文化配套的实体书店，曾多次围绕阅读策划社区联动活动。而在万邦书店看来，家长带着孩子在享受阅读乐趣的同时，也能轻松领取到家中订阅的最新杂志，这样的增值服务无疑会吸引更多的家庭踏入书店的门槛。

地处郑州北龙湖片区的兆熹书店则在设计之初就有"杂志廊"的规划。郑州"一夜间消失的报刊亭"带给大家些许遗憾，让很多喜爱杂志的人一时间无从选购——因为时效性，很多书店是不敢经营杂志的。兆熹书店选择做杂志，就是希望能够用最前沿的财经、人文、艺术、时尚、生活资讯把大家聚在书店，一起探讨和共享阅读的美妙。为此，兆熹书店已经先人一步，开启了"杂志订阅"的服务，书店所在位置是目前住宅密集度最高的片区，目前杂志订阅服务主要满足少儿阅读需求以及设计师的专业需求。

目前销量较高的杂志品类为儿童文学类、少儿科普类，书店是否考虑和全国杂志社合作，联手社区内的学校，共同举办上述品类相关的线下课程呢？这样杂志社保证课程的丰富与专业，陪伴孩子的父母又被吸引进书店并长时间停留，从而有了更多消费可能。针对这个问题，受访书店态度积极，认为这是一种很好的形式，许多书店平时就持续举办各类主题活动，发现青少年活动特别受家长和孩子的关注，体验感好，消费也会增多，因此很乐意联动社区学校举办丰富的线下课程。在万邦书店看来，书店很适合定期举办与儿童文学、杂志内容相关的活动，比如写作、青少年科普讲座等，让相关的知识内容得到延伸和深化，这不仅能增强消费者的参与感，也能提升书店与社区的联系。书店将不再只是书的海洋，而是知识、文化、交流和创意交汇的港湾。在青苑书店看来，实体书店完成新式能力书店的转型路径简而言之就是：阅读 + 能力培养 + 社交，为有特别需求阅读的 3—15 岁年龄段的孩子打造不同的产品体系（"书 + 课程"等），这是提升书店消费的创新通道。这种模式不仅能增强消费连接，还有助于培养社区居民的阅读习惯，推动文化的繁荣发展。书店，这个曾经沉寂的角落，将以一个全新的姿态，焕发生机，成为社区不可或缺的一部分。

但类似犀牛书店这样经营面积较小的书店，就受制于活动空间局限，无法承接此类活动。兆熹书店提出的疑虑也有一定的代表性，即难点可能是与学校方面的合作。"只是自己单方面招生，效果可能不会太好，也会牵涉课程费用的接受度。"

如今，创业者和在家云办公的年轻人成为时代新的主角。随着时代的发展，一场创意的革新悄然在书店中展开，充满想象力的书店是否考虑设立一处知识、创意和社区交汇的新平台呢？比如提供打印和复印及文档处理服务；如果场地和活动时间不冲突，活动场地可按小时租赁给需要举行会议或讨论的年轻人。这不仅为他们提供了一个远离家中嘈杂的理想工作环境，也让他们在轻松愉悦的氛围中激发更多创意。

我们欣喜地得知，许多书店目前已有自习空间、共享空间，打印、复印、空间按小时计费、按时段计费等业务均已开展。需要改进的点可能在于，一些书店周边是企业办公室，还没有找准差异化服务的内容，或者是因为广告宣传的力度还不够，社区年轻人没有掌握相关服务信息。另外，自身场地面积小、经费有限的书店则暂时无法承接此类活动。

此外，各地书店也一直在探索和在地艺术家联合办展这样的合作计划，举办展览目前也已成为众多书店运营的一部分。书店作为自带氛围的空间，对于艺术活动的举办以及开发特色文创产品，有着超强的加成可能。尤其是特色义创产品，非常容易受到越来越多消费者的青睐。万邦书店表示，书店与艺术相结合，就能成为城市中的一处文化地标。不仅为艺术家提供展示的平台，也让书店在竞争中焕发出新的生命，实现了艺术与商业的完美融合。万邦书店的部分插画明信片、书签、环保袋等，无不蕴含着浓郁的艺术气息和独特性。再比如乐开书店，近几年已举办诸多主题的展览活动；犀牛书店则认为，书店也可以是画廊，之前也有过类似的尝试；

众目书店曾联合设计师书友做过画展，同时相关的衍生品一直在销售，效果很好；兆熹书店的常态则是一年举办4场左右艺术活动，也欢迎更多的社区内艺术家资源、办展计划，以及文创的联合开发。也许唯一需要书店再主动往前一步的是，如何通过社区居委会直接掌握区内艺术家信息，先行发出邀请。

当下，实体书店确实面临着前所未有的挑战。纸质书籍的销量不再如往昔般旺盛，导致许多传统书商陷入赢利困境。尽管书店经营者们对于文化传承与知识分享怀有至高的热情，但现实的经济压力不容忽视。

若我们的书店能被赋予新的角色，融入社区的血脉，成为社会文化服务体系中的一部分，那么前景将如何呢？诚如万邦书店所言："我们将实体书店转型升级为社区文化交流平台，不仅是一条可行的发展道路，也是对传统文化的一种创新延续。既是在当今数字化时代中维护人类阅读习惯与情感联系的珍贵探索，更是城市发展不可或缺的文化空间。"